BJT Business Japanese Proficiency Test
Skill Improvement Workbook:
Reading Test

BJTビジネス日本語能力テスト

読解

実力養成問題集 第2版

宮崎道子［監修］

瀬川由美［著］

スリーエーネットワーク

Published by 3A Corporation.
Trusty Kojimachi Bldg., 2F, 4, Kojimachi 3-Chome, Chiyoda-ku, Tokyo 102-0083, Japan

ISBN978-4-88319-769-9 C0081

First published 2007
Second edition 2018
Printed in Japan

◆ 目 次 ◆

◆ 本書の使い方 ◆

【本書の構成】

●本書は「問題」「解答用紙」「解答・解法」から成る。

●問題は中級以上の学習者を対象とし、実際の「BJT ビジネス日本語能力テスト」第3部同様、セクション1、2、3から成っている。本書は BJT 攻略の問題集として、なるべく多くの問題を解くことによって個々の受験目標が達成できるよう、実際の BJT より問題数を多く用意した。構成は以下のとおりである。

第3部 読解テスト	セクション1	語彙・文法問題	30問	解法有り
	セクション2	表現読解問題	30問	解法有り
	セクション3	総合読解問題	30問	解法有り

●各セクションの前には、BJT の問題分析が日本語のほか、英語・中国語・韓国語訳でそれぞれ載っている。この分析を読んでから問題に当たると、テストの傾向がわかり、効果的な学習ができる。

●BJT の第1部「聴解テスト」と第2部「聴読解テスト」については、別売りの『BJT ビジネス日本語能力テスト 聴解・聴読解 実力養成問題集 第2版』によって、受験対策を万全なものとしていただきたい。

【本書の特徴】

●本書は BJT の出題傾向を踏まえ、学習者が問題に慣れることによって、それぞれ目指す受験目標に到達できることを目的としている。したがって、さまざまなパターンの問題を実際のBJT より多く用意し、練習できるようになっている。

●本書の問題を解くにあたっては、言葉の理解だけでなく、ビジネス知識、習慣、状況など、社会的文化的背景を含めた、総合的な理解や判断が必要である。本書は、BJT のテスト形式に慣れるだけでなく、ビジネス日本語のコミュニケーション・スキルを向上させることにも役立つだろう。

【効果的な学習の進め方】

1．各セクションの前にある「問題分析」を読む。
　　・それぞれのセクションごとに問題を解く時間が目安として記してある。本試験では時間との勝負になるので、時間内に解くようにしたい。
　　　　　　　　　↓
2．問題を解く。
　　・セクション3は、ビジネス関連文書と記事の問題を5つのパターンに分類してある。
　　　文書によって構成や表現に違いがあることを理解する。
　　　　　　　　　↓
3．「解答・解法」を見て確認する。
　　・文書の網掛け部分と解法には問題を短時間で解くポイントや、覚えておくと便利な表現が載っている。
　　　　　　　　　↓
4．もう一度「問題分析」を見て、自分の傾向を分析する。
　　・特にセクション3については、解答結果を分析し、自分の苦手な文書などを認識することで、学習目標が設定しやすくなり、より効果的な学習ができる。

◆ How to Use This Book ◆

[Book Configuration]

●This book consists of "Questions," "Answer Sheets," and "Answers & Solution Methods."

●The questions intended for intermediate level or higher learners consist of Sections 1 to 3 just as with Part 3 of the actual "BJT Business Japanese Proficiency Test." To assist users in preparing to pass the BJT, this book contains more questions than found in the actual BJT to give users more practice in solving the problems. The configuration of the book is as follows.

Part	Section	Type and Number of Questions		Other Featured Contents
Part 3 Reading Test	Section 1	Vocabulary and Grammar questions	30	Solutions
	Section 2	Expression reading comprehension questions	30	Solutions
	Section 3	General reading comprehension questions	30	Solutions

●Before each section, an analysis of the relevant BJT questions is presented in Japanese, English, Chinese, and Korean. If you read the analysis before attempting the questions, you will know the tendency of the test which will make studying more efficient.

●As for Part 1 "Listening Test" and Part 2 "Listening and Reading Test" of the BJT, we recommend that applicants use the separately sold "BJT ビジネス日本語能力テスト 聴解・聴読解 実力養成問題集 第 2 版" to fully prepare for the test.

[Characteristics of this Book]

●This book aims to enable learners to attain their individual goals for the test by becoming accustomed to the questions and the tendencies of the questions asked on the BJT. Therefore, various types of questions, the number of which is more than found in the actual BJT, are provided so that learners may practice them.

●In order to solve the questions set out in this book, learners need not only an understanding of the language, but also a firm grasp of the social and cultural background in Japan, including business related knowledge, customs and situations. This book will help learners not only become accustomed to the test format of the BJT but also improve their business Japanese communication skills.

[How to Study Effectively]

1． Read the "Analysis of Questions" set forth before each section.
   ・The standard time for solving the questions is stated for each section. Because you must manage the time during the real test, you should try to solve each question within the relevant standard time.

↓

2． Answer each question.
   ・In Section 3, questions regarding business related documents and articles are classified into 5 types. You should understand that the composition and expressions differ according to the document of each type.

↓

3． Look through the "Answers & Solution Methods" to check the contents.
   ・The shaded part of each document and the solution method mark useful points for solving the questions in a short time as well as convenient phrases to memorize.

↓

4． Look at the "Analysis of Questions" again and analyze your own tendencies.
   ・Particularly in Section 3, if you can analyze the answer results and recognize the types of documents you are not good at, you will find it easier to set your learning objectives and help you study more effectively.

◆ 本书的使用方法 ◆

【本书的构成】

●本书由"试题"、"答题纸"、"试题答案·试题解法"构成。

●试题以中级以上的学习者为对象，与实际的「BJT商务日语能力考试」的第三部分相同，由第一、二、三章构成。本书作为BJT的攻关技巧练习册，准备了比BJT更多的问题，以便通过做更多的练习，实现各自的目标，通过考试。试题构成如下：

第三部分 阅读理解考试	第一章	词汇／语法问题	30 问	有解题方法
	第二章	表现读解问题	30 问	有解题方法
	第三章	综合读解问题	30 问	有解题方法

●各章前，BJT的解题指导附有日语、英语、汉语和韩语译文。读过解题指导以后再解题，可以了解考试倾向，有效学习。

●关于BJT的第一部分"听力考试"和第二部分"听力和阅读理解考试"，希望根据单独出售的《BJT ビジネス日本語能力テスト 聴解·聴読解 実力養成問題集 第2版》准备考试，可万无一失。

【本书的特征】

●本书沿袭 BJT 的出题倾向，目标是让学习者逐渐熟悉考题，进而实现每个考生的考试目标。因而，准备了比实际的 BJT 考试更多的各种各样类型的练习题，以便于备考使用。

●做本书习题的时候，不仅要理解语言，还要综合理解包含商务常识、社会习俗和会话场景等社会文化背景知识，并做出判断。本书不仅便于考生熟悉 BJT 的试题题型，还有助于提高商务日语的交际能力。

【有效的学习方法】

1．读各章前的"解题指导"。
　　·各章里标有解题时间作为参照。本考试也是时间上的较量，希望在时间内答完试题。

↓

2．解题。
　　·第三章，把有关商务公文和消息的试题分为 5 类，希望考生理解因公文类型不同，构成和表现也不同的情况。

↓

3．阅读"试题答案·试题解法"核对答案。
　　·公文文书的阴影部分和试题解法中，写有短时间解法问题的要点和记住后会很方便的一些表现用法。

↓

4．再次阅读"解题指导"，分析自己的倾向。
　　·特别是针对第三章，分析答题结果，找出自己不擅长的公文文书，容易设定学习目标，以便更有效学习。

◆ 이 책의 사용법 ◆

【이 책의 구성】

●이 책은 「문제」 「해답용지」 「해답·해법」으로 구성되어 있다.

●문제는 중급 이상의 학습자를 대상으로 하고, 실제 BJT 비즈니스일본어 능력테스트 제3부와 같이 섹션1, 2, 3으로 구성되어 있다. 이 책은 BJT 공략 문제집으로 최대한 많은 문제를 풀어 봄으로써 개개인의 목표가 달성 될 수 있도록 실제 BJT보다 더 많은 문제를 수록하였다. 그 구성은 다음과 같다.

	섹션1	어휘·문법 문제	30문항	해법 수록
제3부 독해 테스트	섹션2	표현 독해 문제	30문항	해법 수록
	섹션3	종합 독해 문제	30문항	해법 수록

●각 섹션 앞 부분에는 BJT의 문제를 분석한 내용이 일본어와 영어·중국어·한국어로 실려 있다. 이 내용을 읽고 문제를 풀기 시작하면 시험의 경향을 파악할 수 있어서 효과적인 학습이 가능하다.

●BJT 제1부 「청해 테스트」와 제2부 「청독해 테스트」에 대해서는 별도 판매되는 『BJTビジネス日本語能力テスト 聴解·聴読解 実力養成問題集 第2版』을 통하여 완벽한 시험 대책을 세우길 바란다.

【이 책의 특징】

● 이 책은 BJT의 출제 경향을 토대로 학습자가 문제에 익숙해짐으로써 각자의 목표를 성취하는 것을 목적으로 한다. 따라서 여러 가지 유형의 문제를 실제 BJT보다 더 많이 수록하여 연습할 수 있도록 하였다.

● 이 책의 문제를 풀기 위해서는 언어의 이해력뿐만 아니라 비즈니스 지식, 습관, 상황 등 사회문화적 배경을 포함한 종합적 이해와 판단이 필요하다. 이 책은 BJT의 시험 형식에 익숙해지는 것뿐만 아니라 비즈니스 일본어의 커뮤니케이션 기술 향상에도 도움을 줄 것이다.

【효과적인 학습 진행법】

1. 각 섹션 앞 부분에 있는「문제 분석」을 읽는다.
   · 각 섹션마다 문제를 푸는 목표 시간이 표기되어 있다. 실제 시험은 시간과의 싸움이므로 시간 내에 풀 수 있도록 해야 한다.

   ↓

2. 문제를 푼다.
   · 섹션3에서는 비즈니스 관련 문서와 각종 기사의 문제가 다섯 개 유형으로 분류되어 있다. 문서에 따라 구성이나 표현에 차이가 있음을 이해하도록 한다.

   ↓

3. 「해답·해법」을 보고 확인한다.
   · 문서의 강조 부분과 해법에는 문제를 단시간에 풀기 위한 전략과, 익혀 두면 유용한 표현이 수록되어 있다.

   ↓

4. 다시 한번「문제 분석」을 보고 자신의 약점을 분석한다.
   · 특히 섹션3의 경우, 해답을 분석하고 자신이 어렵게 느끼는 문서 등을 파악하면 학습 목표 설정이 쉬워져서 더 효과적으로 학습할 수 있다.

読 解 テ ス ト

● **問題分析と問題**

読解テスト セクション1 語彙・文法問題 問題分析

【問題形式】

　実際のテストでの問題数は10問。ビジネスの場面で使われる短い文あるいは短いやり取りが示され、空欄に入れる言葉として一番正しいものを4つの選択肢の中から選ぶ。問題文は話し言葉または書き言葉で出てくるが、いずれも空欄の前後にある言葉と合わせて文法的に、あるいは表現として正しいものを選ぶ。

【難易度】

　中〜高。話し言葉の文には主語がないものがほとんどなので、文全体の意味を考えて答える必要がある。また選択肢の言葉に意味が同じものがあって迷ったり、表現を知らないと答えられないものもあり、なかなか手強いセクションである。ビジネスの場面でよく使われる表現については、普段から慣れておくことが大切である。

【解法のテクニック】

　第3部は第1部、第2部と違い、1問ごとの時間制限がない。ただ、セクション3の総合読解問題に時間がかかることを考えると、セクション1は1問を15秒程度で答えるスピードが必要である。まったくわからない問題が出てきたら、迷って時間を無駄にするより、飛ばして次の問題に取りかかる方がいいだろう。

Reading Test
Section 1: Vocabulary and Grammar questions—Analysis of questions

[Question Format]

The number of questions to be asked during the actual test is 10. A short sentence or a short dialogue used in a business situation is presented, and you are required to select the most appropriate phrase for the blank in the sentence from among the 4 answer choices. The sentence in the question is either in a spoken or written language style and in either case you should select the appropriate answer taking into consideration the context around the blank and the correct fit in terms of grammar and type of expression.

[Degree of Difficulty]

Medium to high. Most sentences based on the spoken language do not include the subject so you must answer while considering the meaning of the overall text. In addition, some phrases in the answer choices have the same meaning, which makes some applicants hesitate in selecting an answer choice or unable to answer unless the relevant expression is known. Thus this section is a daunting challenge. It is important to be accustomed to expressions often used in business situations.

[Question Solving Techniques]

Part 3, which is different from Part 1 and 2, has no time limit to solve one question. However, considering that doing Section 3 General reading comprehension questions takes time, it is necessary for section 1 to maintain a pace of answering 1 question about every 15 seconds. If you come across a question you cannot answer at all, it may be advisable to skip it and go on to the next question.

阅读理解考试 第 1 章 词汇 / 语法问题 解题指导

【出题形式】

　　实际的试题由十道问题构成。试卷上是一篇用于商务场合的短文或对话，要求从四个选项中选出最确切的一个填在空白处。题目中会出现口语或书面语，总之，都需结合空白处的前后语境，选出语法正确或者表现恰当的选项。

【难易程度】

　　中～高。题目中出现的口语表现常常没有主语，需要结合全文的意思思考答案。另外，选项中还会出现语意相同的词语，让人难以判断，也有不知道表达方法就无法解答的问题，可以说本章是比较难以解答的部分。关于商务场合中的惯用说法，需要考生在平时多积累、多习惯。

【解题技巧】

　　第三部与第一部、第二部不同，没有设定每道题的解答时间。但是由于第三章的综合读解问题需要花费一些时间，因而本章有必要以十五秒左右回答一道题的速度答题。若遇到完全不懂的问题，与其犹豫不决、花费时间，不如跳过去做别的问题比较合理。

독해 테스트 섹션1 어휘 · 문법 문제 문제 분석

【문제 형식】

　　실제 시험의 문제 수는 10문항이다. 비즈니스 장면에서 사용되는 짧은 문장이나 짧은 대화가 제시되고, 빈칸에 넣을 말로 가장 적절한 것을 네 개의 보기 중에서 고른다. 제시되는 문장은 회화체 또는 문장체이며, 빈칸 앞뒤에 있는 말을 참고하여 문법적으로 적합하거나 표현상 잘 어울리는 것을 고른다.

【난이도】

　　중간 또는 높은 수준이다. 회화체 문장은 주어가 없는 경우가 대부분이기 때문에 전체 문장의 의미를 잘 생각해서 답을 고를 필요가 있다. 보기 중에 동의어가 나와서 헷갈리거나 표현을 모르면 풀 수 없는 문제가 출제되는 등 꽤 까다로운 섹션이다. 비즈니스 장면에서 자주 사용되는 표현에 평소부터 익숙해지도록 하는 것이 중요하다.

【해법 테크닉】

　　제3부는 제1부, 제2부와는 달리 한 문제를 푸는 데 시간 제한이 없다. 단 섹션3의 종합 독해 문제에서 시간이 걸릴 것을 감안하면, 섹션1에서는 한 문제를 약 15초 만에 풀 수 있는 신속성이 필요하다. 전혀 모르는 문제가 나오면 망설이다가 시간을 버리기보다는 다음 문제로 넘어가는 것이 좋다.

読解テスト

セクション**1**： 語彙・文法問題

1番

今期の増益は、海外事業が売り上げに＿＿＿＿＿＿＿ことによるものだ。

1. 与えた
2. 活かした
3. 貢献した
4. 活躍した

2番

もう少し価格を下げてくださるんでしたら、考え＿＿＿＿＿＿＿ん
ですが。

1. なくてもいい
2. なければならない
3. ようとする
4. なくもない

3番

経験がないなら＿＿＿＿＿＿＿、彼は勤続20年のベテランなんだから
そんな言い訳は通用しない。

1. いざしらず
2. さておき
3. とにかく
4. のみならず

解答・解法
▼
p62
〜
p63

4番

目標が達成できたのはみなさんの努力の成果に＿＿＿＿＿＿＿＿＿。

1. おかげです
2. よりません
3. ほかなりません
4. すぎません

5番

新しいサービスによって、利便性は＿＿＿＿＿＿＿＿上がるだろう。

1. 圧倒的に
2. 飛躍的に
3. 比較的に
4. 客観的に

6番

資金繰りがこうも厳しくては、プロジェクトからの撤退は
＿＿＿＿＿＿＿＿だ。

1. 不可避
2. 不可逆
3. 不必要
4. 不可能

7番

話の持っていき方＿＿＿＿＿＿＿＿＿＿は、契約が取れるかもしれない。

1. 場合で
2. 次第に
3. 問わずに
4. いかんで

8番

今年の新人の態度は、失礼極＿＿＿＿＿＿＿＿＿＿。

1. まらない
2. まりない
3. まれない
4. まわれる

9番

中東情勢の悪化で、現地社員の安全が＿＿＿＿＿＿＿＿＿＿されている。

1. 懸案
2. 不安
3. 懸念
4. 難色

10番

客先に約束した＿＿＿＿＿＿＿＿、部長を説得する自信がない。

1	ものを
2	もので
3	ものか
4	ものの

11番

土地開発のあおりを受けて、地元の人々は先祖代々の土地からの移転を
＿＿＿＿＿＿＿＿されている。

1	際限なく
2	余儀なく
3	変更なく
4	無理やり

12番

申し訳ございません。ただいま名刺を＿＿＿＿＿＿＿おりまして……。

1	切らして
2	無くして
3	持たずに
4	足さずに

13番

私には＿＿＿＿＿＿＿＿ので……ただいま担当の者に代わります。

1 わかりかねます
2 わかりかねません
3 受け入れかねます
4 受け入れかねません

14番

Ｘ社との業務提携が実現したのは、ヤマダ産業の社長が＿＿＿＿＿＿＿＿
くれたからだ。

1 間を縮めて
2 仲を割って
3 間に入って
4 仲に入れて

15番

原案をよく＿＿＿＿＿＿＿＿上で、部の総意として役員会にかけよう。

1 絞めた
2 揉んだ
3 積んだ
4 込んだ

16番

経営のトップが代わって、社内の＿＿＿＿＿＿＿＿がよくなった。

1 風当たり

2 風通し

3 風向き

4 風上

17番

言う＿＿＿＿＿＿＿＿もありませんが、明日は時間厳守でお願いします。

1 わけ

2 こと

3 ほど

4 まで

18番

いくらたたき台の資料とはいえ、こんな＿＿＿＿＿＿＿＿とした数字では、先方が承知しないだろう。

1 がっつり

2 ざっくり

3 きっちり

4 あっさり

19番

自分の信念を曲げて＿＿＿＿＿＿＿＿、出世したいとは思わない。

1 から

2 なら

3 まで

4 こそ

20番

他部署と協働して、解決策を＿＿＿＿＿＿＿＿した。

1 模索

2 思索

3 検索

4 捜索

21番

発想は良いから、実行可能な形に＿＿＿＿＿＿＿込んでください。

1 絞り

2 決め

3 照らし

4 落とし

22番

Ｙ社が起こした問題は見過ごせるものではないが、今後の付き合いを考えて、今回は＿＿＿＿＿＿＿＿責任を追及しないという結論に至った。

1 わざと
2 あえて
3 決して
4 よほど

23番

私どもといたしましては、「朝型のビジネスマン」に＿＿＿＿＿＿＿＿
商品展開を考えております。

1 得意な
2 特別な
3 変化した
4 特化した

24番

優れた営業マンは、常に顧客一人一人に目を＿＿＿＿＿＿＿＿いる。

1 付けて
2 進めて
3 配って
4 通して

25番

今度の支店長には、ぜひ現場の声を＿＿＿＿＿＿＿＿もらいたいですね。

1 引き上げて

2 吸い取って

3 くみ上げて

4 まとめ取って

26番

基本合意には至ったが、詳細については、話を＿＿＿＿＿＿＿なければ
ならない。

1 つけ

2 通さ

3 つめ

4 出さ

27番

取引先に＿＿＿＿＿＿＿、結局、譲歩してしまった。

1 ごねられて

2 よろこばれて

3 さわいで

4 あばれて

28番

A：申し訳ございません。私どもの＿＿＿＿＿＿＿＿で、発注ミスが
ございまして……。
B：困りますねぇ。

1 不手際
2 不祥事
3 非常識
4 無遠慮

29番

A：大事な会議の前で部長は＿＿＿＿＿＿＿＿しているから、今は話し
かけないほうがいいですよ。
B：そうですか。わかりました。

1 どきどき
2 ぴりぴり
3 わくわく
4 きんきん

30番

A：前回、無理を聞いてもらいましたから、今回はちょっと色を
＿＿＿＿＿＿＿＿おきました。
B：ありがとうございます。

1 変えて
2 つけて
3 とって
4 盛って

読解テスト セクション**2** 表現読解問題 問題分析

【問題形式】

　実際のテストでの問題数は 10 問。ＡとＢ（Ａだけの場合もある）の短い会話文の空欄に入れる一番正しい表現を４つの選択肢から選ぶ。

【難易度】

　中。基本的な敬語表現やビジネスで使われる前置き表現の理解度を問うものがほとんどである。ただし、ビジネスで使われる決まり文句や言い回しには、普段から慣れておくことが必要である。

【解法のテクニック】

　セクション１同様、１問を 15 秒で答えるスピードが必要である。つまりセクション１と２を５分で答える計算になる。ＡとＢの会話から場面や人間関係（Ａだけの場合は誰と話しているのか）をつかみ、空欄に入るものが尊敬、謙譲どちらの表現なのかを素早く判断することが大切である。

Reading Test

Section 2: Expression reading comprehension questions—Analysis of questions

[Question Format]

The number of questions to be asked during the actual test is 10. You are required to select the most appropriate expression from among the 4 answer choices to fill in the blank in a short conversation between A and B (only A in some cases).

[Degree of Difficulty]

Medium. Most of the questions test your comprehension of basic honorific expressions and introductory expressions used in business. However, it is necessary to be accustomed to using set expressions or characteristic phrases specific to business.

[Question Solving Techniques]

As in the case of Section 1, you need to maintain a pace of answering 1 question every 15 seconds. That means you must finish Sections 1 and 2 in 5 minutes. It is important to get an idea of what the scene is about and of the relationship between A and B (if A only, who A is talking to) and make a quick judgment as to which expression, respectful or humble, should be entered in the blank.

阅读理解考试 第2章 表现读解问题 解题指导

【出题形式】

　　实际的试题由十道问题构成。从四个选项中选出一个正确答案填入 A 和 B（有时只有 A）的简短对话中的空白处。

【难易程度】

　　中。大多都是用来考核对敬语基本表现以及商务场合使用的开场白之类表现的理解程度的问题。因此，商务上常用的套话、措辞需在平时逐渐积累掌握。

【解题技巧】

　　与第一章相同，用十五秒钟的速度回答一道题。也就是第一章和第二章总计用五分钟的时间。从 A 和 B 的对话中，先了解当时的场合和人物之间的关系（只有 A 时，看说话人在和谁说话），然后迅速判断应该在空白处填入尊敬语还是自谦语。

독해 테스트 섹션2 표현 독해 문제 문제 분석

【문제 형식】

　　실제 시험의 문제 수는 10문항이다. A와 B(A만 나오는 경우도 있음) 두 사람 간의 짧은 회화문 빈칸에 넣을 가장 적절한 표현을 네 개의 보기 중에서 고른다.

【난이도】

　　중간 정도이다. 기본적인 경어 표현과 비즈니스에서 사용되는 회화 도입 표현의 이해도를 묻는 문제가 대부분이다. 단 비즈니스에서 자주 사용되는 문구와 표현에 평소부터 익숙해지도록 하는 것이 중요하다.

【해법 테크닉】

　　섹션1과 마찬가지로 한 문제를 15초 만에 풀 수 있는 신속성이 필요하다. 즉 섹션1과 2를 5분 만에 풀어야 하는 셈이다. A와 B의 회화를 듣고 회화가 이루어지는 상황과 인간관계(A만 나오는 경우는 누구와 얘기하고 있는가)를 파악하여 빈칸에 넣을 말이 존경 표현인지 겸양 표현인지를 신속히 판단하는 것이 중요하다.

読解テスト

セクション**2**： 表現読解問題

1番

A：はじめまして、森と申します。

B：あなたが森さんですか。お噂はかねがね＿＿＿＿＿＿＿＿。

1	伺っていますよ
2	伺いましたよ
3	伺いますよ
4	伺ったことがありますよ

2番

A：部長、すみません、＿＿＿＿＿＿＿＿の時にこちらの企画書を見て
いただきたいのですが。

B：わかりました。

1	暇つぶし
2	お手間
3	お手隙
4	余暇

3番

A：山田君、今朝のニュース見たかい。我々の新商品が取り上げられてたよ。

B：ええ、私も＿＿＿＿＿＿＿＿。

1	見ました
2	拝見しました
3	ご覧になりました
4	お目にかかりました

4番

A：ごぶさたしております。＿＿＿＿＿＿＿＿＿。
B：こちらこそ。ありがとうございました。

1 その時はどうも

2 その折はどうも

3 その際はどうも

4 その節はどうも

5番

A：実は、納期の件なんですが、あと3日ほど＿＿＿＿＿＿＿＿と思いまして……。
B：3日ですか……うーん、それは厳しいですね……。

1 お待ちしたい

2 お待ちいただけないか

3 待たせていただきたい

4 お待ちしていただきたい

6番

A：今回の在庫引取りの件では、いろいろありがとうございました。御社の＿＿＿＿＿＿＿で、なんとか乗り切ることができました。
B：いえいえ。お役に立てたのなら幸いです。

1 お世話さま

2 おかげ

3 おかげさま

4 お世話

7番

御社の来期の商品戦略について、＿＿＿＿＿＿＿＿お聞かせいただけないでしょうか。

1 お出来になる限り
2 お邪魔にならなければ
3 お差しつかえない範囲で
4 お暇になりましたら

8番

Ａ：わざわざ＿＿＿＿＿＿＿＿＿すみませんね。
Ｂ：いえいえ、ついでがあったもんですから。

1 ご迷惑いただいて
2 ご面倒いただいて
3 ご苦労いただいて
4 ご足労いただいて

9番

Ａ：これまでのおつきあいをご配慮いただいて、＿＿＿＿＿＿＿＿お願いします。
Ｂ：うーん、そう言われましてもねえ……。

1 なんとか
2 なんとなく
3 なんでも
4 なんらか

10番

A：制度そのものを抜本的に変える必要があると思いますが。

B：＿＿＿＿＿＿＿＿＿が、周りに与える影響の大きさも無視できないんじゃないでしょうか。

1 おっしゃった通りです

2 おっしゃる必要はあります

3 おっしゃったわけです

4 おっしゃることはわかります

11番

A：この方向で進めてもよろしいでしょうか。

B：ええ、基本的には結構です。＿＿＿＿＿＿＿＿、スケジュールについてはもうちょっと考えていただければと思いますが……。

1 そこで

2 ただ

3 重ねて

4 ところで

12番

お客様、恐れ入りますが、こちらでのご飲食は＿＿＿＿＿＿＿＿。

1 おやめください

2 お控えください

3 ご禁止ください

4 ご抑制ください

13番

A：じゃ、＿＿＿＿＿＿＿＿＿＿＿。
B：ええ、よろしくお願いします。今日はありがとうございました。

1　それで
2　以上で
3　終わりで
4　そういうことで

14番

鈴木様の携帯電話でしょうか。私、アイエスサービスの市川ですが、
今、お電話＿＿＿＿＿＿＿＿＿＿＿。

1　結構でしょうか
2　問題でしょうか
3　失礼でしょうか
4　よろしいでしょうか

15番

A：せっかくですが、今回のお話は＿＿＿＿＿＿＿＿＿＿＿にしていただきたいん
　　ですが……。
B：そうですか。残念です。

1　なかったこと
2　なくしたこと
3　ないよう
4　なくすよう

16番

A：先方の条件を全部受け入れるんですか。

B：いや、全部というわけではないが、このままでは＿＿＿＿＿＿＿＿
だから。どこかで折り合わないと。

1　一直線

2　曲線

3　平行線

4　蛇行

17番

A：中川はただいま外出しておりまして……。＿＿＿＿＿＿＿＿、
ご用件を承りますが。

B：そうですか。ではお願いします。

1　私がよろしければ

2　私でよろしければ

3　私がよろしかったら

4　私さえよろしければ

18番

A：では、池田部長がお戻りになりましたら、明日の２時に御社に伺わせて
いただくとお伝えください。

B：承知しました。復唱いたします。明日の２時に＿＿＿＿＿＿＿＿という
ことですね。

1　弊社にいらっしゃる

2　弊社に参る

3　御社にいらっしゃる

4　御社に伺う

19番

近くまで来たものですから、ご挨拶＿＿＿＿＿＿＿＿と思いまして。

1 だけでも

2 だけなら

3 のみならず

4 してこそ

20番

A：おたくの新商品、出足好調だってね。

B：ええ、多くのお客様から使いやすいというお言葉を＿＿＿＿＿＿＿＿。

1 いただいていらっしゃいます

2 いただきたいと思います

3 ちょうだいしていらっしゃいます

4 ちょうだいしております

21番

A：もう一度ご検討願えませんか。

B：これ以上はちょっと……＿＿＿＿＿＿＿＿。

1 ご勘弁してください

2 出来かねません

3 ご容赦ください

4 観念してください

22番

A：課長、先ほどアサヒ商事の佐藤様からお電話がありまして、折り返しお電話をいただきたい＿＿＿＿＿＿＿＿。

B：ああ、そう。ありがとう。

1 とおっしゃいました
2 ようでした
3 とのことでした
4 そうでした

23番

A：こちらは、女性向けに開発したスイーツです。どうぞ召し上がってみてください。

B：この味は……女性向けというより、＿＿＿＿＿＿＿＿子ども向けなんじゃないかな。

1	もっとも	2	むしろ
3	相対的	4	比較的

24番

ただいまご紹介に＿＿＿＿＿＿＿＿エムエム物産の田中でございます。

1 あずかりました
2 あずけました
3 あずかっていただきました
4 あずけていただきました

25番

A：今月の売り上げ、よかったんですって。
B：うん、まあ、＿＿＿＿＿＿＿＿ってところかな。

1 だいたい
2 ほどほど
3 まずまず
4 まだまだ

26番

A：あんな大手とよく契約ができましたね。
B：ええ、金子産業の社長が＿＿＿＿＿＿＿＿くれまして。

1 口を挟んで
2 手を借りて
3 口を利いて
4 手を結んで

27番

いただいたお電話で＿＿＿＿＿＿＿＿、
例のプロジェクトの件でひとつご相談したいことがございまして……。

1 恐縮ですが
2 お手数ですが
3 お願いですが
4 勝手ですが

28番

A：キャンペーン初日で大変だろうから、営業から応援に行かせるよ。
B：ありがとうございます。そうしていただけると＿＿＿＿＿＿＿＿。

1　喜ばれます
2　助かります
3　幸甚です
4　幸せです

29番

A：お客さんから「値段をもっと下げてくれ」って言われちゃったよ。
B：またですか。まったくあのお客さんには、いつも＿＿＿＿＿＿＿
　ますよね。

1　泣いてくれ
2　泣いてもらい
3　泣かれてしまい
4　泣かされ

30番

A：無理は＿＿＿＿＿＿＿＿でのお願いなんですが……。
B：いやあ、いくらなんでもそれは……。

1　ご存知の上
2　承知の上
3　ご承知の上
4　承諾の上

【問題形式】

　実際のテストでの問題数は 10 問。様々なビジネス文書や記事が示され、問題文を読んで一番正しい答えを 4 つの選択肢から選ぶ。ビジネス文書の問題には回覧、稟議書などの社内文書や社内メール、そしてビジネスレターなどの社外文書や社外メールがある。また、新聞や雑誌の記事の理解度を問う問題もある。

【難易度】

　文書の長さや語彙の難しさ、選択肢に応じて中～高。

【解法のテクニック】

　問題の難易度によって解答時間も違ってくるが、だいたい 1 問を 2 分で答え、残りの 5 分で全体を見直すといいだろう。ビジネス文書（記事）にある情報と、問題文の接点をつかむことが出来れば、早く解答にたどりつける。とはいえ、短時間に多くの情報から必要な情報を取捨選択するには、普段からいろいろなパターンのビジネス文書に慣れておくことが必要である。それぞれのビジネス文書には決まったパターンがあるので、できるだけ多くのビジネス文書を読み、全体の構成を理解しておくと正答率が上がるだろう。

【問題の主なパターン】

①ビジネス文書

　社外文書、社外メール、社内文書、社内メールの 4 つに分類される。一番フォーマルな社外文書の構成はだいたい以下のようになっている。

　a．挨拶
　　↓
　b．本題の事情説明（接続詞「さて」ではじまる場合が多い）
　　↓
　c．用件（接続詞「つきましては」ではじまる場合が多い）
　　↓
　d．補足・例外（接続詞「なお」ではじまる場合が多い）

　いずれの文書についても、問題を解く時は a を飛ばし、b から読めばよい。「用件は何ですか」という問題の時は、「つきましては」のあとに続く内容に注意する。メール文では必要な情報だけが書かれていて、接続詞がないことがある。その場合は、依頼を表す「～てください」「～ようお願い申し上げます（いたします）」の文の内容に注意して読むとよい。

②記事

　問題文のあとに 150 字～ 350 字程度の新聞を模したビジネス関連の記事（縦書き）を読み、4 つの選択肢から正しいものを選ぶ。何についての記事なのか、問題文に書かれていることが多いので、問題文をよく読むことが大切である。そして、記事の中から問題文の指示に対応している部分を探して読み取り、選択肢と合わせる。選択肢は別の表現で言い換えている場合もある。新聞記事は論理的に書かれており、使われる表現も決まっているので、普段から慣れておけば読解のスピードも速くなるだろう。

[Question Format]

The number of questions during the actual test is 10. Various kinds of business documents or articles are presented, and then after reading the question you must select the most appropriate answer from among the 4 answer choices. The questions of the business documents include in-house documents, such as circulars and approval documents, and inter-office mail, as well as external documents, such as business letters, and external e-mail. In addition, some questions test reading comprehension of newspaper and magazine articles.

[Degree of Difficulty]

Medium to high depending on the length of the text, difficulty of vocabulary, and content of answer choices.

[Question Solving Techniques]

Answering time varies depending on the level of difficulty of the question, but it is advisable to answer 1 question about every 2 minutes and use the remaining 5 minutes for an overall review. If you can find the connection between the information included in the business document (or article) and the question, you will be able to find the answer quickly. However, in order to sort through much of the information to find the necessary information in a short time, it is necessary for you to be accustomed to various types of business documents used on a routine basis. As each type of business document has its own fixed pattern, it is advisable for you to read as many business documents as possible and understand the overall structure to increase the percentage of correctly answered questions.

[Main Question Patterns]

[1] Business documents

They are classified into the 4 categories of external documents, external e-mails, in-house documents, and inter-office mails. The most formal external documents have the following general structure:

a．Greeting
↓
b．Explanation of the situation in question (In many cases this starts with the conjunction "さて．")
↓
c．The business in question (In many cases this starts with the conjunction "つきましては．")
↓
d．Supplement / Exception (In many cases this starts with the conjunction "なお．")

In each document, when finding an answer, you should skip a. and start with reading b. When a question asks "用件は何ですか," you should focus on the content following "つきましては." In the case of mail, sometimes only the necessary information is mentioned without any conjunction. In that case, you should read it while focusing on the content of phrases meaning a request such as "〜てください," or "〜ようお願い申し上げます（いたします）．"

[2] Articles

After the question, you will read a business-related article written in 150 to 350 characters in newspaper style (written vertically), and select the most appropriate answer from among the 4 answer choices. In many cases, the question states what the article is about, so it is important to read the question well. Then, you should look for and read the part of the article corresponding to what is asked by the question, and match the choices against it. In some cases, the answer choices are rephrased using other expressions. Newspaper articles are written in a logical way and the expressions to be used are fixed, so you can improve your reading speed if you read them on a routine basis.

【出题形式】

实际的试题由十道问题构成。试卷上给出的是各种商务文书及商务报道，阅读问题，从四个选项中选出最为恰当的一项。商务文书问题有传阅资料、书面请示文件等公司内部文书、电子邮件，还有商务书信等与其他公司间的文书及电子邮件。另外也有考核理解报纸、杂志上的商务报道能力的试题。

【难易程度】

依据文书长短、词汇难易以及选项难易等的不同，难度由中到高。

【解题技巧】

根据问题难度的不同，解题时间也不尽相同。可以每道题用二分钟左右，剩下五分钟检查修改所有问题。若能找到商务文书（报道）中的信息与试题的相关之处，应该可以很快做出答案。尽管如此，但要在很短的时间里从众多的信息中找出所需信息，从平时就多熟悉各种商务文书非常重要。每种商务文书都有各自固定的形式，尽量多读更多的商务文书，把握好全文的结构，自然会提高答题的正确率。

【主要题型】

①商务文书

分为与其他公司的文书、与其他公司的电子邮件、本公司内的文书、本公司内的电子邮件四类。最为正式的公司间的文书一般有如下的结构。

    ａ．寒暄
       ↓
    ｂ．正题（说明情况）（一般多用关联词「さて」开头）
       ↓
    ｃ．具体事件（一般多用关联词「つきましては」开头）
       ↓
    ｄ．补充、例外（一般多用关联词「なお」开头）

对于所有文书，在回答问题的时候，都可以先跳过 a，直接读 b 好。对于问"具体事件是什么"的问题，要注意「つきまして」后面的部分。电子邮件中有时只写必要的信息，没有关联词。阅读时，要注意表示请求委托的「～てください」、「～ようお願い申し上げます（いたします）」等句子的内容。

②商务报道

在阅读问题以后，读一篇一百五十字～三百五十字左右的模拟报纸上的商务报道的文章（竖版），从四个选项中选出一个正确答案。问题中大多写着是关于什么的报道，因而认真阅读问题比较重要。按照问题寻找并阅读报道中的相应部分，推出选项。选项的句子也有换成另一种说法的，报纸上的报道一般逻辑性很强，惯常用法也比较固定，平时习惯了的话，阅读理解的速度也会相应提高。

【문제 형식】

실제 시험의 문제 수는 10문항이다. 여러 가지 비즈니스 문서나 기사가 제시되고, 질문에 따라 가장 적절한 것을 네 개의 보기 중에서 고른다. 비즈니스 문서 문제로는 회람(돌려보는 문서), 품의서 등의 사내 문서와 사내 메일, 비즈니스 레터 등의 외부 문서와 외부 메일 등이 제시된다. 또한 신문이나 잡지 기사의 이해도를 측정하는 문제도 있다.

【난이도】

문서의 길이, 어휘의 난이도, 보기의 내용에 따라 중간에서 높은 수준이다.

【해법 테크닉】

문제의 난이도에 따라 문제를 푸는 시간도 다르지만, 한 문제를 대략 2분 만에 풀고 남은 5분 동안에 전체를 다시 한번 확인하는 것이 좋다. 비즈니스 문서나 기사에 실린 정보와 질문 내용이 어떻게 연관되는지 파악하면 신속히 답을 고를 수 있다. 많은 정보들 중에서 필요한 정보를 단시간에 골라내기 위해서는 평소부터 여러 종류의 비즈니스 문서에 익숙해질 필요가 있다. 각 비즈니스 문서에는 일정한 형식이 있기 때문에 가능한 한 많은 비즈니스 문서를 읽고 전체 구성을 파악하는 훈련을 해 두면 정답률도 높아질 것이다.

【문제의 주된 유형】

①비즈니스 문서

외부 문서, 외부 메일, 사내 문서, 사내 메일의 네 가지로 분류된다. 가장 일반적인 외부 문서의 구성은 대개 다음과 같다.

  a. 인사
   ↓
  b. 주제의 사정 설명 (접속사「さて」로 시작되는 경우가 많음)
   ↓
  c. 용건 (접속사「つきましては」로 시작되는 경우가 많음)
   ↓
  d. 보충・예외 (접속사「なお」으로 시작되는 경우가 많음)

어떤 문서든지 문제를 풀 때는 a는 건너뛰고 b부터 읽으면 된다. 「用件は何ですか」라고 묻는 문제에서는 「つきましては」 뒤에 이어지는 내용에 주의하자. 메일의 경우에는 필요한 정보만 나오고 접속사가 없는 경우가 있다. 그 경우에는 의뢰 표현인 「～てください」「～ようお願い申し上げます (いたします)」와 같은 문장을 주의 깊게 읽으면 된다.

②기사

질문 뒤에 제시되는 150자~350자 정도의 신문 형식으로 된 비즈니스 관련 기사(세로 글)를 읽고 네 개의 보기 중에서 적절한 것을 고른다. 무엇에 대한 기사인지 질문에 써 있는 경우가 많으므로, 질문을 잘 읽는 것이 중요하다. 그리고 기사 내용 중에서 질문 내용에 해당하는 부분을 찾아내서 보기와 대조해 본다. 보기는 다른 표현으로 제시되는 경우도 있다. 신문 기사는 논리적으로 구성되어 있고 사용되는 표현도 정해져 있기 때문에 평소부터 익숙해지도록 하면 독해 속도도 빨라질 것이다.

セクション**3**： 総合読解問題

1番

次のような手紙を受け取りました。
用件は何ですか。

○○○○年○月○日

株式会社○○
代表取締役社長　○○○○様

○○株式会社
代表取締役社長　○○○○

　拝啓　時下ますますご盛栄のこととお喜び申し上げます。
　さて、すでにご承知のことと存じますが、弊社では現在、東南線横田駅前にショッピングセンター「ヒルズ横田」を建設中でございます。この「ヒルズ横田」は、「新しいライフスタイルの提案と交流の場」をコンセプトとしており、物品販売と飲食店の集合体といった従来のショッピングセンターとは一線を画するものでございます。また、商業地域としての立地条件もよく、非常に期待の持てるマーケットであると確信いたしております。
　つきましては、別記要領にて当ショッピングセンターへの出店を希望される専門店様に向けて説明会を開催いたしますので、よろしくご検討の上、ぜひご参加賜りますようお願い申し上げます。
　なお、同ショッピングセンターの建築概要の資料は、当日ご参加の方のみにお渡しいたします。

敬具

1　出店の勧誘
2　市場調査の依頼
3　説明会開催の依頼
4　資料請求

2番

次のような手紙を受け取りました。
新サービスの特徴は何ですか。

〇〇〇〇年 10 月 3 日

お客様各位

株式会社〇〇
代表取締役社長　〇〇〇〇

　拝啓　時下ますますご清栄のこととお喜び申し上げます。平素は格別の
お引き立てにあずかり、厚く御礼申し上げます。
　さて、ご利用いただいておりますBEP浄水器につきましては、従来も
ご希望のお客様に対し、6か月に一度のアフターケアを承ってまいりま
したが、このたび新たに週1回のケア代行サービスを開始することにな
りました。
　BEP浄水器は画期的な新処理方式により、お客様による内部清掃を最
小限に軽減しておりますが、新サービスはすべてのケアを代行するとと
もに、機器の状態を集中管理しようというものです。
　サービスの内容および料金については別紙の通りとなっております。
ご高覧の上、ぜひとも導入をご検討いただきたくお願い申し上げます。

敬具

1 画期的な新処理方式を採用したこと

2 内部清掃を最小限に軽減したこと

3 週1回、全部のケアを代行すること

4 半年に1回、無料ケアを実施すること

次のような手紙を受け取りました。
先方は何をしてほしいと言っていますか。

○○○○年 3 月 10 日

○○株式会社
代表取締役　○○○○様

○○株式会社
代表取締役社長　○○○○

　前略　さて、貴社で製造販売されている製品名 MMB についてお尋ねいたします。

　貴社製品 MMB は、弊社所有の特許権第 50341X 号および実用新案権第 798433X 号による技術に類似した製法で製造していることを、弊社開発部が調査により指摘しております。

　弊社といたしましては、貴社製品 MMB は当社の特許権を侵害している恐れがあると判断いたしました。

　つきましては、至急検討していただき、しかるべき措置をとられますよう要望いたします。

　ご検討の結果を、当社宛てに○○○○年 3 月 25 日までにご回答いただきたくお願い申し上げます。

草々

1. MMB の不具合の原因を調べてほしい。
2. MMB の製造・販売を中止してほしい。
3. MMB を作るので特許権を使わせてほしい。
4. MMB の製品名を変更してほしい。

4番

次のような手紙を受け取りました。
用件は何ですか。

○○○○年○月○日

○○物産株式会社
営業部長　○○○○様

○○株式会社
開発部長　○○○○

　拝啓　貴社ますますご清祥のこととお喜び申し上げます。
　先日は、弊社新製品SV503のデモンストレーションのためにお時間を
お取りいただいておりましたにもかかわらず、当方の事情でお伺いでき
なくなり、貴社の皆様に大変なご迷惑をおかけいたしましたことを深く
お詫び申し上げます。
　デモンストレーション前日になりまして、ご紹介申し上げる予定のオ
プション機能に不具合が生じ、原因を特定するためにお時間をいただい
た次第でございます。その後、原因を特定、回避策も明らかになってお
ります。
　大変恐縮ですが、新たにお時間を設けてくださいましたら、万全の準
備を整えてお伺いしたいと存じます。
　近日中にあらためてお電話させていただきますので、どうかよろしく
お願い申し上げます。

敬具

1　デモンストレーション取り消しのお願い

2　デモンストレーション再設定のお願い

3　SV503のオプション機能追加のお知らせ

4　SV503の不具合の原因のお知らせ

次のような手紙を受け取りました。
用件は何ですか。

　　　　　　　　　　　　　　　　　　　　　　　　　　○○○○年○月○日

○○商事株式会社
代表取締役社長　　○○○○様

　　　　　　　　　　　　　　　　　　　　　　　　　○○株式会社
　　　　　　　　　　　　　　　　　　　代表取締役社長　　○○○○

拝復　貴社いよいよご隆盛のこととお喜び申し上げます。
　さて、お申し越しのありました直接お取引の件でございますが、流通
システムの簡素化は、時代の流れを考えますとごもっともなお考えだと
存じます。ただ、当社の経営方針といたしましては、当面、販売部門は
全国の代理店に委ね、私どもは製造に専念する所存でございます。
　本来ならば、当社も今回の貴社からのお申し入れにお応えできる体制
を作っておかなければならないのですが、遺憾ながらそこまではまだ力
が及ばない状況でございます。
　何とぞ、事情をご賢察の上、悪しからずご了承くださいますようお願
い申し上げます。

　　　　　　　　　　　　　　　　　　　　　　　　　　　　　　　敬具

1　販売部門は代理店に任せられない。
2　これからは製造だけではやっていけない。
3　流通システムを簡素化するつもりだ。
4　直接取引には応じられない。

6番

次のような手紙を受け取りました。
手紙を受け取った社員は一番はじめに何をしますか。

〇〇〇〇年5月15日

〇〇株式会社
営業第一課課長　〇〇〇〇様

株式会社〇〇
営業部長　〇〇〇〇

拝啓　貴社ますますご繁栄のこととお喜び申し上げます。
平素は格別のご愛顧をいただき厚く御礼申し上げます。
　さて、5月14日付け貴信によりご注文いただきましたE−330でございますが、発売以来弊社の予想を大幅に上回る売れ行きで、現在在庫切れの状態となっております。現在、フル稼働で製造しておりますが、お届けできるのは、ご指定の納期日より約1か月遅れとなる見込みです。
　つきましては、同製品の改良型F−120が発売されており、従来品より性能もよく、価格も割安となっておりますことから、同封のカタログをご検討いただけると幸甚でございます。代替品でよろしければすぐに手配させていただきます。
　恐縮でございますが、再度ご検討いただきまして、あらためてご一報くださいますようお願い申し上げます。

敬具

1　先方の納期を待つ。

2　先方に代替品を注文する。

3　E−330のカタログを見て検討する。

4　E−330にするか、F−120にするかを検討する。

次のような手紙が届きました。この手紙の用件は何ですか。

> 拝復　このたびはご丁重なお見舞い状を賜り、心より御礼申し上げます。社員一同どれだけ励みになったか、言葉に尽くせません。
>
> 　数十年に一度と言われる集中豪雨のため、テレビや新聞等で報道されましたように、東川が氾濫し、町の中心部が冠水しました。
>
> 　そのような中で、さいわいにも弊社は床下浸水程度で、社屋の損壊もさほどではなく、人的被害は皆無でした。操業にはほとんど影響がなく、皆様にはご迷惑をおかけせずにすみそうです。どうかご休心ください。
>
> 　本来は早速参上して、お礼申し上げるところでございますが、まずは取り急ぎ書面をもってご報告まで。
>
> 敬具

1. 町の被害に対する心のこもった見舞い状に、町民も社員も勇気を得たということ。

2. 町同様、弊社も甚大な被害を受けたので、操業への影響は計り知れないということ。

3. 町は水害に見舞われたが、弊社の被害は大したことはないので安心してほしいということ。

4. 町も弊社もマスコミで大きく報道され、騒がれているので、静かにしてほしいということ。

8番

次の文書は支払いに関する覚書です。
7月の支払い代金が65万円の場合、甲は乙に対しどのように支払いますか。

○○○○年7月10日締結の物品売買契約書に付随する支払覚書

株式会社川上商店（以下甲と称す）と村田酒造株式会社（以下乙と称す）は、○○○○年7月10日付契約書第6条2項の支払い条件について、双方合意の上、後記の件についてのみ例外として認め、覚書とする。

記

1．契約書第6条2項、甲が乙に対し支払う商品の代金は、各月末払いとなっているが、支払代金が1か月50万円を超えた場合は、50万円を各月末払いとし、残金は乙の決算期に当たる3月末日、及び9月末日に半年分を一括払いとする。
○○○○年7月10日

千葉県千葉市○○○
株式会社川上商店
代表取締役社長　川上　太

秋田県秋田市○○○
村田酒造株式会社
代表取締役社長　村田一郎

1　7月31日に50万円、3月31日に15万円を支払う。

2　7月31日に50万円、9月30日に15万円を支払う。

3　7月31日に65万円を支払う。

4　9月30日に65万円を支払う。

次の文書は、会社が契約しているスポーツクラブの会則の一部です。
3月10日に窓口で退会を申し出て、翌日、書類を提出した場合、退会日は
いつになりますか。

【第11条】
メンバーは、各月の10日（10日が休館日の場合翌営業日）までに本クラブに所定の退会届を出してください。その月末限りで退会することができます。電話等口頭での退会は受け付けません。10日を過ぎた場合は、事務手続きの都合上、翌月末日扱いになります。

1　3月10日

2　3月11日

3　3月31日

4　4月30日

10番

次のような手紙が届きました。
この手紙の用件は何ですか。

○○株式会社
代表取締役社長　野田弘様

謹啓　小夏の候、貴社益々ご隆昌のこととお慶び申し上げます。
平素は格別のご高配を賜り厚く御礼申し上げます。
　さて、去る6月15日開催の弊社定時株主総会におきまして、社名の変更が決議されましたのでご報告申し上げます。また、同日の株主総会ならびに取締役会におきまして、下記のとおり役員が選任され、それぞれ就任いたしました。
　つきましては、微力ながら最善を尽くして社業の発展に専心努力いたす所存でございますので、何卒ご高承の上、今後とも一層のご支援ご鞭撻を賜りますようお願い申し上げます。
　まずは、略儀ながら書中をもちましてご挨拶申し上げます。

謹言

○○○○年6月21日

株式会社　池山産業
代表取締役社長　松永健一

記

旧社名：株式会社　池山産業
新社名：株式会社ABC　　（7月1日より）
代表取締役社長　　　松永健一
常務取締役　　　　　山田真
取　締　役　　　　　谷口美香
監　査　役　　　　　島津次郎

以上

1　役員変更とその経緯
2　社名変更とその経緯
3　社名変更と新役員のお知らせ
4　社業発展について協力のお願い

11番

次のような手紙が届きました。

欠席の際は何をしてほしいと言っていますか。

第十九回定時株主総会開催のご案内

拝啓　初夏の候、ますますご清祥のこととお慶び申し上げます。

さて、左記のとおり、第十九回定時株主総会を開催いたしますので、何卒万障お繰り合わせの上、ご臨席を賜りますようご案内申し上げます。

なお、当日欠席される場合は、誠にお手数ながら参考資料をご高覧いただき、同封の委任状に議案に対する賛否の明示およびご記名ご捺印の上、速やかにご返送くださいますようお願い申し上げます。

敬具

○○○○年六月一日

四谷電子株式会社
代表取締役　佐藤隆

記

日時　○○○○年六月二十七日（水曜日）午後二時

場所　ホテルグランド　光の間

第一号議案　第十八期営業報告
　　　　　　貸借対照表・損益計算書の報告

第二号議案　取締役の任期満了による改選に関する件

以上

1　委任状を持参し、万障繰り合わせて臨席してほしい

2　委任状に賛否を示し、名前を書いて印鑑を押し、返送してほしい

3　参考資料と委任状を速達で送ってほしい

4　参考資料に賛否を示し、記名と捺印をした委任状を返送してほしい

12番

次のような手紙が届きました。
手紙の趣旨は何ですか。

謹啓　新緑の候、いよいよご清祥のこととお慶び申し上げます。

さて、このたびは代表取締役社長鈴木様には、めでたく喜寿を迎えられましたとのこと、謹んでお祝い申し上げます。

創業期より幾多の難局を乗り越え、今日の繁栄を築かれました鈴木様の、進取の精神と温厚なお人柄は私ども後輩の模範とするところでございます。

今後もますますご壮健にて、ご指導ご鞭撻を賜りますようお願い申し上げます。

なお、お祝いのしるしまでに、心ばかりの品を別便にてお送りいたしましたので、ご笑納いただければ幸いです。

まずは書中をもちましてお祝い申し上げます。

謹言

〇〇〇〇年5月

株式会社〇〇

代表取締役社長　大山健一

〇〇株式会社

代表取締役社長　鈴木勝様

1	社長の喜寿のお祝い
2	社長の喜寿のお知らせ
3	社長退任のお知らせ
4	会社の喜寿のお祝い

取引先から次のようなメールが届きました。
納期に間に合う数が 550 ケースの場合、取引先の人はどうしてほしいと
言っていますか。

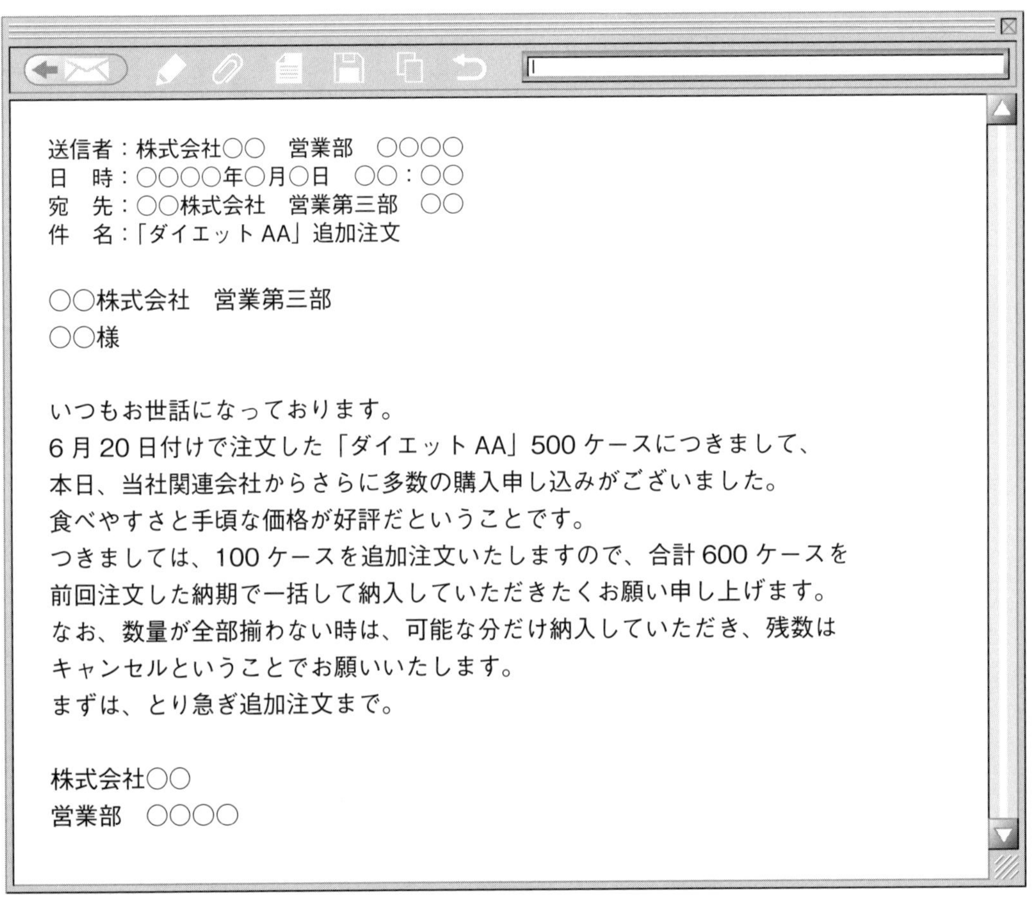

送信者：株式会社○○　営業部　○○○○
日　時：○○○○年○月○日　○○：○○
宛　先：○○株式会社　営業第三部　○○
件　名：「ダイエット AA」追加注文

○○株式会社　営業第三部
○○様

いつもお世話になっております。
6 月 20 日付けで注文した「ダイエット AA」500 ケースにつきまして、
本日、当社関連会社からさらに多数の購入申し込みがございました。
食べやすさと手頃な価格が好評だということです。
つきましては、100 ケースを追加注文いたしますので、合計 600 ケースを
前回注文した納期で一括して納入していただきたくお願い申し上げます。
なお、数量が全部揃わない時は、可能な分だけ納入していただき、残数は
キャンセルということでお願いいたします。
まずは、とり急ぎ追加注文まで。

株式会社○○
営業部　○○○○

1　600 ケースを出来次第、一括納入する。

2　納期に 500 ケースを納入して、100 ケースをキャンセルする。

3　納期に 550 ケースを納入して、50 ケースは出来次第納入する。

4　納期に 550 ケースを納入して、50 ケースをキャンセルする。

14番

取引先から次のようなメールが届きました。
8月12日の午後7時に、納入した機器にトラブルが生じた場合、メールを
受け取った社員は何をしますか。

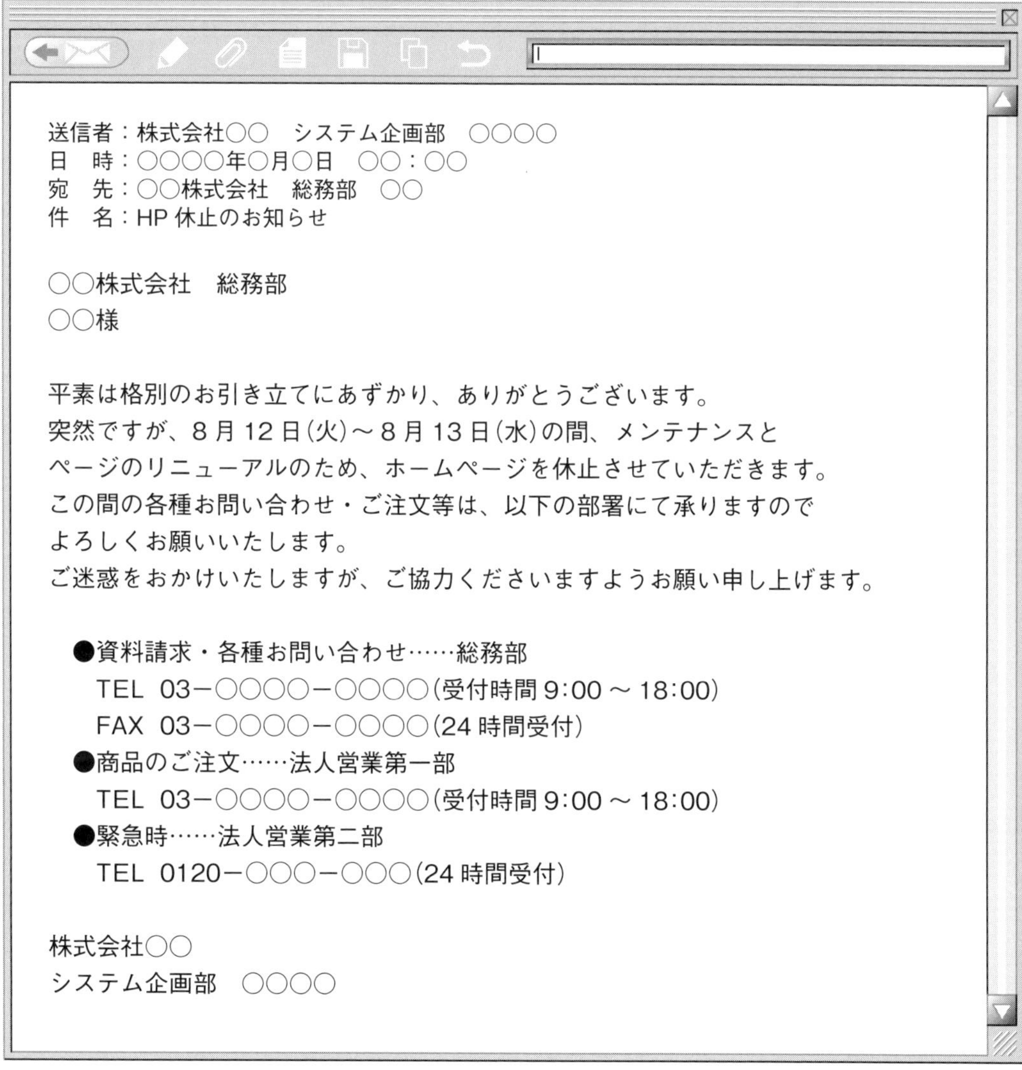

|1| 法人営業第一部にファックスする。

|2| 法人営業第一部に電話する。

|3| 法人営業第二部に電話する。

|4| 総務部に電話する。

取引先から次のようなメールが届きました。
取引先の人は何をしてほしいと言っていますか。

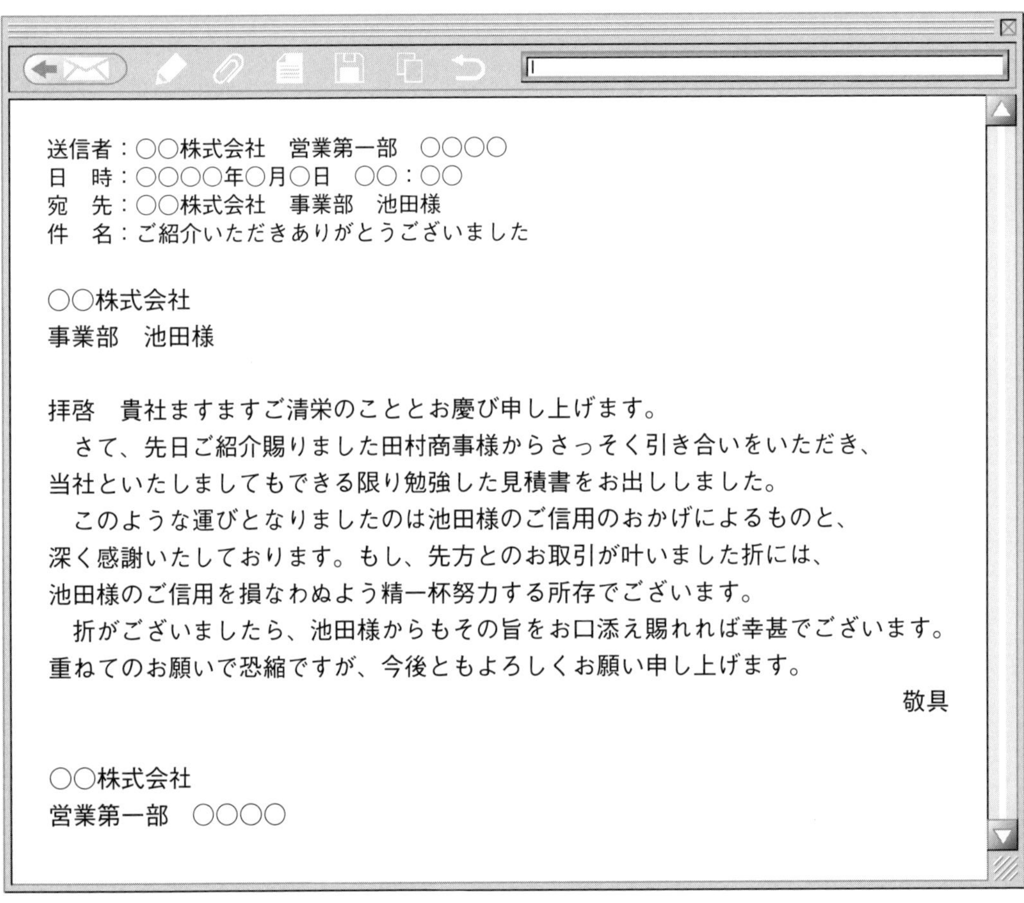

1 　自分たちの会社を信用してほしい。

2 　田村商事に値引きの依頼をしてほしい。

3 　田村商事に自分たちの意欲を伝えてほしい。

4 　田村商事を紹介してほしい。

取引先から次のようなメールが届きました。
取引先の人の目的は何ですか。

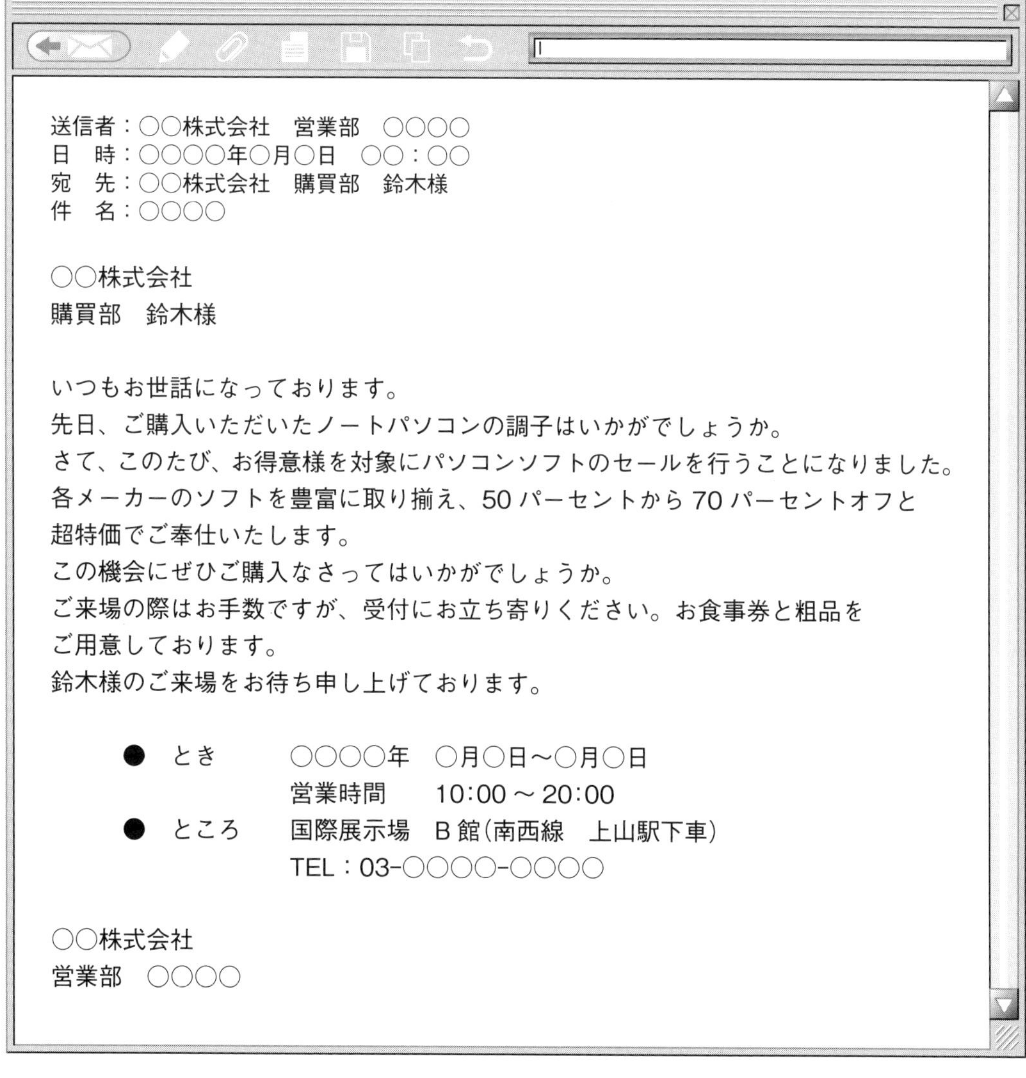

解答・解法 ▼ p96 〜 p97

1　ノートパソコンのセールで商品を買ってもらうこと。

2　パソコンソフトのセールで商品を買ってもらうこと。

3　セール会場でお客様に粗品を渡して食事をすること。

4　セール会場の受付でお客様のパソコンの様子を見ること。

次のような稟議書が回ってきました。

事務所を改装したいのはどうしてだと言っていますか。

| 稟議書 |

〇〇〇〇年〇月〇日

総務部長　〇〇〇〇殿

　　　　　　　　　　　　　　　　　　　　大阪支店長　〇〇〇〇

事務所改装のお願い

　大阪支店1階事務所につきまして、以下の通りレイアウトを変更いたしたく、ここにお願い申し上げます。

記

1．変更内容　①レイアウトの全面的見直しとパーテーションの変更
　　　　　　　②応接室・会議室の改装
　　　　　　　③空調設備の買い替え
2．理由　　　人員増加に伴い、従来のレイアウトでは業務が非効率になってきた。また、オフィスの老朽化もかなり進んでおり、お客様への印象が悪い。
3．必要予算　7,800,000円（概算）—— 明細は別紙の通り

以上

1　人員の増加と空調設備の老朽化

2　人員の増加による業務非効率

3　人員の増加に伴うレイアウトの老朽化

4　人員の増加による業務非効率と事務所の老朽化

次の文書は、ある会議の議事録です。
この会議で決まったことは何ですか。

○○○○年9月8日作成
総務部
谷口浩美

定例会議議事録

1．日　時　　○○○○年9月7日　10時〜11時
2．場　所　　第3会議室
3．出席者　　鈴木部長、山田課長、市川課長代理、大森
4．議　題　　紙資源の節約について
5．決定事項
　　封筒の再利用
　　コピー用紙の裏面利用
　　案内状、お知らせなどの社内通達事項のペーパレス化。すべてeメール添付とする。
　　実施は9月20日から。上記決定事項の実施詳細を9月12日付けで全社員に通達し、社内の周知徹底を図る。
6．資　料　　紙資源節約によるコスト削減シミュレーション
7．次回予定　10月2日10時から、第3会議室にて

セクション3　解答・解法▼ p98〜p99

|1| 紙資源節約の具体的なやり方を全社員に知らせる。
|2| 顧客に出す案内状やお知らせをペーパレス化する。
|3| 9月12日からの社内通達をeメール添付で送る。
|4| 紙資源節約によるコスト削減シミュレーションを作成する。

次のような報告書を受け取りました。
調査の結果、開発で重視すべきことは何だと言っていますか。

○○○○年○月○日

開発部長　　○○○○殿

調査部　　○○○○

調査報告書

当社新製品の開発研究にあたり、下記の通りご報告いたします。

記

1．調査地区　　　　東京23区
2．サンプル数　　　無作為抽出による800世帯
3．目　　的　　　　浴室暖房器の普及状況と需要調査
4．期　　間　　　　○○○○年○月○日〜○日
5．方　　法　　　　アンケート用紙による（詳細は別紙データ参照）
6．所　　感
　　「買うまではためらうが、一度使うと手放せない」というユーザーの傾向がより明確になる結果だった。これまでは、価格と機能に重点を置いて検討を加えてきたが、購入の際にネックとなるのは、サイズと設備工事の問題であることが今回の調査でわかった。よりコンパクトで、簡単に設置できる浴室暖房器の開発が急務であると思われる。

以上

1 サイズと設置のしやすさ

2 価格と機能性

3 サイズと耐久性

4 インパクトのあるデザイン

20番

次のような文書が回覧されました。

解散後にゴルフがしたい社員が負担する経費は何ですか。

○○○○年○月○日

社員各位

総務課長　○○○○

社員懇親旅行のお知らせ

本年度の社員旅行を、下記の通り実施いたします。多数のご参加をお待ちしております。

記

1．と　き　　○○○○年○月○日（○）〜○日（○）の1泊2日

2．場　所　　山梨高原ホテル

3．日　程　　1日目　15：00　バスにて、本社正面玄関出発
　　　　　　　　　　　17：30　ホテル着
　　　　　　　　　　　19：00　夕食・懇親会

　　　　　　　　　2日目　 8：00　朝食
　　　　　　　　　　　　 9：00　社長挨拶
　　　　　　　　　　　　10：00　解散・自由行動

4．解散後　　　以下のお好きなコースをお選びください。
　　　　　　　　ただし、①と②の費用は帰路の交通費を含め各自負担となります。
　　　　　　　①ゴルフ　　　　　　参加費　￥18,000
　　　　　　　②ワイナリー見学　　参加費　￥ 9,000
　　　　　　　③バスにて各自帰宅

5．申し込み
　　　各課長は参加者数と解散後の希望コースをとりまとめ、○月○日までに総務課　林
　　　（内線5411）までお知らせください。

以　上

---

1 帰りの交通費と参加費 ¥18,000　　　　**2** 参加費 ¥18,000

3 帰りの交通費と参加費 ¥9,000　　　　**4** 参加費 ¥9,000

次のような文書が回覧されました。
社員は旧保険証をどこに提出しますか。

○○○○年○月○日

各　位

厚生部長　　○○○○

健康保険証更新のお知らせ

　きたる○○○○年○月○日をもちまして、健康保険証が更新されます。
つきましては下記の要領で、旧保険証からの切り替えを行ってください。

記

１．旧保険証のとりまとめ
　　各課の総務担当がとりまとめの上、○月○日までに厚生部・田中までご返
　　却ください。提出されないと新保険証が交付されない場合がありますので
　　ご注意ください。

２．新保険証の交付
　　○月○日（○）14：00 〜 17：00まで、本社診療室で課ごとにまとめて配布
　　します。時間厳守の上、お受け取りください。

３．更新中の注意
　　更新期間に医療機関を受診する場合は、証明書が必要です。申請は総務課
　　で受け付けます。

以上

1　厚生部の田中さん
2　自分が所属する課の総務担当
3　本社診療室
4　総務課

次のような文書が回覧されました。

実施日以降、売上実績報告はどこに送りますか。

20XX 年 6 月 25 日

社員各位

機構改革チーム

機構改革に伴う課名変更の件

　このたびの機構改革による営業部の課増設に伴い、課の名称が下記の通り変更になりましたのでお知らせいたします。

記

1．旧課名　　　　営業部販売課
　　新課名　　　　①営業部販売業務課　②営業部販売促進課

2．実施年月日　　20XX 年 7 月 1 日(月)

3．電話番号　　　①販売業務課　TEL 03 − ○○○○ − ○○○○
　　　　　　　　　　　　　　　　FAX 03 − ○○○○ − ○○○○
　　　　　　　　②販売促進課　TEL 03 − ○○○○ − ○○○○
　　　　　　　　　　　　　　　　FAX 03 − ○○○○ − ○○○○

※これまで販売課に送っていただいていた売上実績報告は販売業務課に、キャンペーン報告は販売促進課にそれぞれお願いします。

以上

1 　営業部販売課

2 　営業部販売促進課

3 　営業部販売業務課

4 　営業部企画課

次のような文書が回覧されました。

各社員に何をしてほしいと言っていますか。

○○○○年○月○日

社員各位

広報室長　○○○○

社外報「まごころ」の発行について

　今年度から月刊社外報「まごころ」を作成、配布することになりました。

　これは、お客様をはじめ関係者の方々に当社への理解を深めてもらい、末永くおつきあいしていただくための情報提供の場として活用していただくことを目的としています。

　また、当社からの一方的な伝達だけでなく、社外の皆様からのご批判やご要望なども積極的に取り上げたいと考えておりますので、社員のみなさんにおかれましても、お知り合いの方々にぜひ投稿をお勧めください。

　それによってニーズをくみ上げ、潜在顧客の開拓につながることを期待しております。

　なお、配布部数・配布先は下記の通りになっておりますので、よろしくお取り計らいのほどお願いいたします。

記

1．配布部数　　　　1,500 部
2．配布先　　　　　各部署社外関係先
3．連絡先　　　　　本社広報室　　担当　内山（内線 1032）

以上

1　社外報を情報提供の場として活用してほしい。

2　社外報に投稿することを知り合いにすすめてほしい。

3　社外報を潜在顧客の開拓につなげてほしい。

4　社外報を読むように社外関係先にすすめてほしい。

24番

次のような文書が届きました。退職金で土地を購入しようと考えている人が、税金について3月中に相談したい場合、どうすればよいですか。

〇〇〇〇年2月5日

関係者各位

人事部福利厚生課

退職準備室の開設について

　この度、退職準備室を開設することになりました。これは、定年を間近に控えられた方々に、定年後の新しい人生をより充実したものにしていただくための相談窓口です。内容は下記の通りになっております。お気軽にご相談ください。

記

1．相談内容　　退職準備生涯生活設計全般
2．相談日時　　毎月第1、第3火曜日　午後3時〜午後5時：税務・法律相談
　　　　　　　　毎月第2、第4木曜日　午後3時〜午後5時：年金・健康相談
　　　　　　　　毎週水曜日　午後3時〜午後5時：再就職、資格取得などの情報提供
3．相談員　　　税務相談：顧問税理士　吉野先生
　　　　　　　　法律相談：顧問弁護士　北野先生
　　　　　　　　年金相談：社会保険労務士　市川先生
　　　　　　　　健康相談：診療室　佐藤先生
　　　　　　　　再就職、資格取得などの情報提供：総務課長
4．備考　　相談内容については、所定の用紙に必要事項をご記入の上、相談日の1週間前までに人事部福利厚生課へお送りください。

以上

1　必要事項を記入した用紙を3月の第1木曜日までに人事部福利厚生課に提出する。

2　必要事項を記入した用紙を3月の第2火曜日までに人事部福利厚生課に提出する。

3　必要事項を記入した用紙を持って、3月の第2木曜日に年金相談に行く。

4　必要事項を記入した用紙を持って、3月の第1火曜日に税務相談に行く。

次のようなメールが届きました。
開発部長は何をしますか。

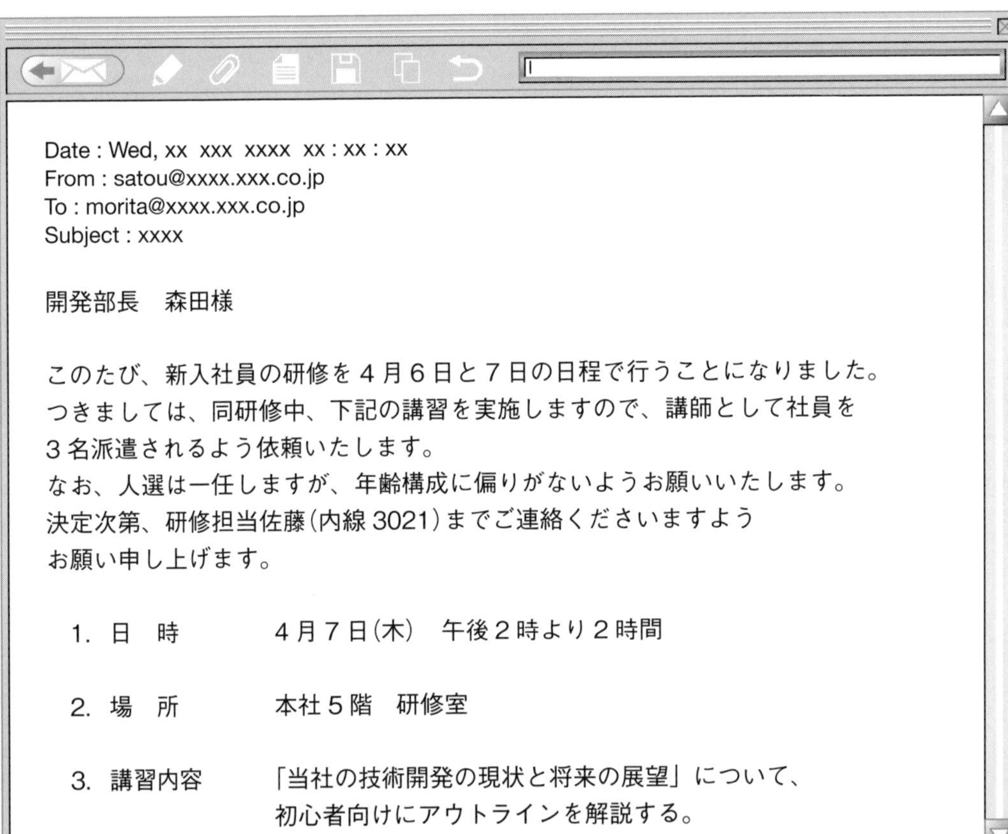

1 派遣会社の講師として、20代、30代、40代の社員をそれぞれ１名ずつ
出す。

2 派遣会社の講師として、40代の社員を３名出す。

3 新人研修の講師として、20代、30代、40代の社員をそれぞれ１名ずつ
出す。

4 新人研修の講師として、30代の社員を３名出す。

26番

次のようなメールが届きました。
休みの間に工場に入る場合、何が必要ですか。

Date : Mon, xx xxx xxxx xx : xx : xx
From : 総務部
To : 社員各位
Subject : 夏期一斉休暇の件

今年の工場夏期一斉休暇を下記のとおり決定しましたのでお知らせします。

1. 期　　間　　8月11日（月）から8月15日（金）までの5日間

2. 注意事項　　休暇期間中、保守管理会社が機械の整備・点検を行います。
　　　　　　　　この間に従業員が入る際には、あらかじめ管理課課長の
　　　　　　　　許可書を持参の上、総務部までお越しください。
　　　　　　　　総務部で入場許可証を発行します。

3. その他　　　8月18日（月）から平常勤務とします。
　　　　　　　　なお、休暇後は速やかに平常業務が再開できるよう
　　　　　　　　各自、事前の清掃・整備など怠りなく実施してください。

以上

1　管理課課長の許可書

2　保守管理会社のチェック

3　平常業務に備えた清掃と整備

4　総務部の入場許可証

次のようなメールが届きました。
受け取った社員はこのあと、何をしなければなりませんか。

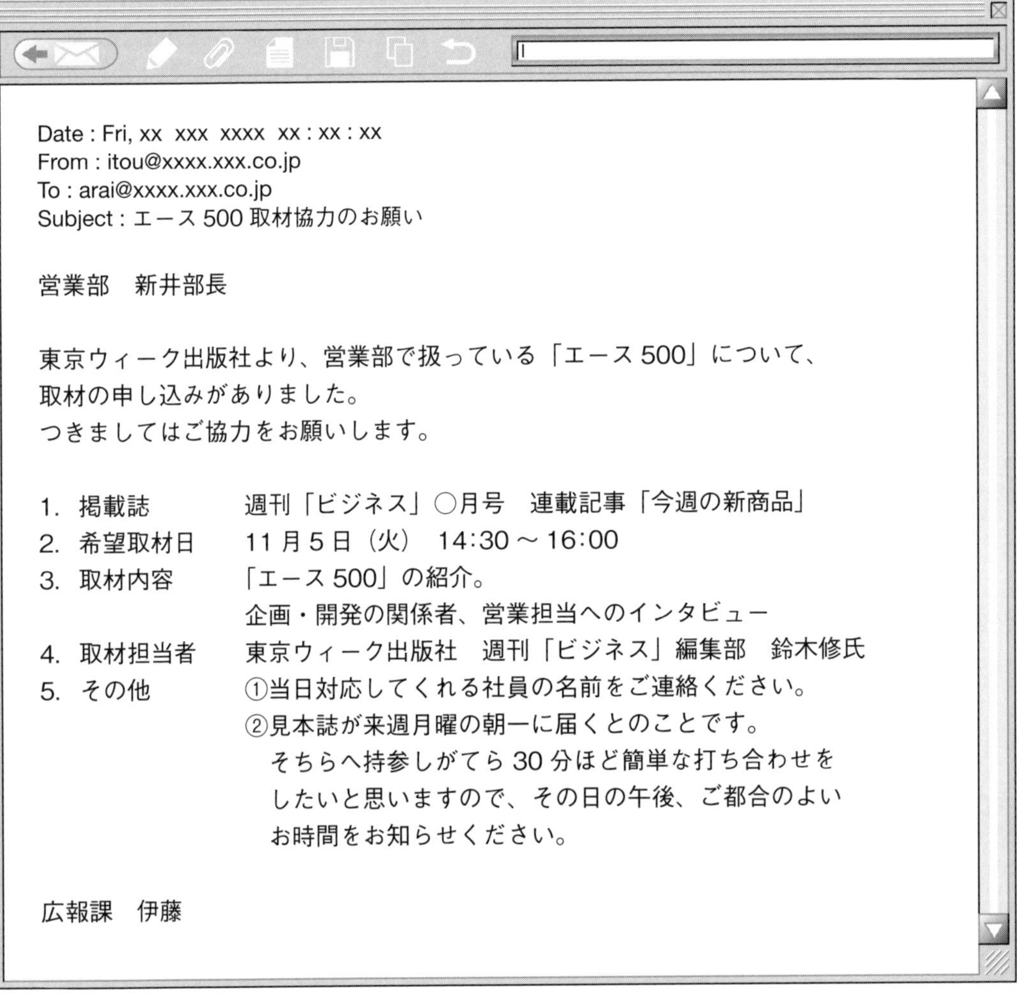

Date : Fri, xx xxx xxxx xx : xx : xx
From : itou@xxxx.xxx.co.jp
To : arai@xxxx.xxx.co.jp
Subject : エース 500 取材協力のお願い

営業部　新井部長

東京ウィーク出版社より、営業部で扱っている「エース 500」について、
取材の申し込みがありました。
つきましてはご協力をお願いします。

1.	掲載誌	週刊「ビジネス」○月号　連載記事「今週の新商品」
2.	希望取材日	11 月 5 日（火）　14:30 ～ 16:00
3.	取材内容	「エース 500」の紹介。 企画・開発の関係者、営業担当へのインタビュー
4.	取材担当者	東京ウィーク出版社　週刊「ビジネス」編集部　鈴木修氏
5.	その他	①当日対応してくれる社員の名前をご連絡ください。 ②見本誌が来週月曜の朝一に届くとのことです。 　そちらへ持参しがてら 30 分ほど簡単な打ち合わせを 　したいと思いますので、その日の午後、ご都合のよい 　お時間をお知らせください。

広報課　伊藤

1　取材に応じるかどうかを返信し、見本誌を広報課に持参する。

2　取材に応じる社員の名前を返信し、見本誌を広報課に持参する。

3　取材に応じる社員の名前と 11 月 5 日の都合のいい時間を返信する。

4　取材に応じる社員の名前と来週月曜午後の都合のいい時間を返信する。

28番

同僚から次のようなメールが届きました。
受け取った社員が明日の午後、はじめにしなければならないことは何ですか。

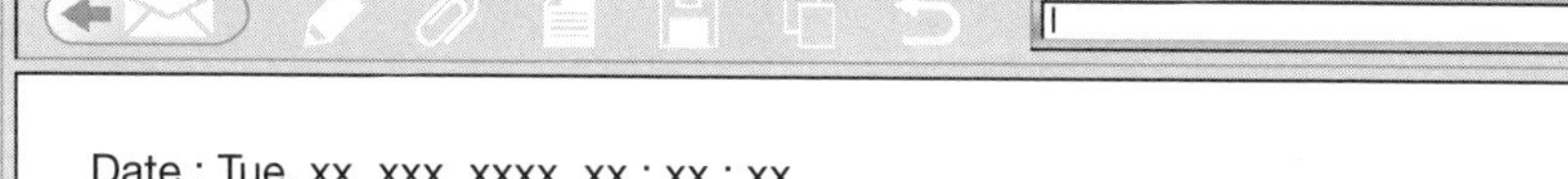

Date : Tue, xx xxx xxxx xx : xx : xx
From : murai@xxxx.xxx.co.jp
To : ichikawa@xxxx.xxx.co.jp
Subject : 業務引き継ぎの件

市川さん
明日は、取引先の工場見学で一日留守にします。
以下、引き継ぎをよろしくお願いします。

●支店長会議の準備
　・出席者の人数確認、昼食のお弁当・飲み物の手配。
　　→お弁当はいつもの店で。予算は1人当たり2,000円。
　　　予備として2つ多く頼んでください。
　・資料の印刷を総務部へ依頼。出来上がりを「あさっての午後一」と指定して
　　ください。

●週報を作成→業務部へ報告
　・数字が各部から上がってくるのに午前中いっぱいかかると思うので、
　　お昼から戻ったらすぐこれに取りかかってください。
　　報告の締切は2時まで、時間厳守でお願いします。

●部長の海外出張の飛行機・ホテルの手配
　明日は予約開始日です。この時期は込んでいるので、飛行機だけは朝一で予約
　してください。

村井

|1| 週報を作成する。

|2| 部長の海外出張の飛行機を予約する。

|3| 資料の印刷を総務部へ依頼する。

|4| 支店長会議の弁当と飲み物を手配する。

次の記事は日本の食品メーカーの海外進出に関するものです。
日本の食品メーカーの海外展開は現状ではどう予想されていますか。

食品メーカーが新しい市場を求めて、アジアへの進出を積極的に図っている。これは、少子高齢化によって国内の需要が先細りになると見込まれているためだ。しかし、海外展開では、欧米の主要メーカーの海外売上高比率6割に対し、日本勢は比率の大きい会社でも3割弱と、大きく遅れを取っているのが現状だ。また、アジア諸国はコメが主食で日本と共通点がある一方、宗教の違いなどで食文化が異なる。独自の規制や商習慣などもあり、先行組の欧米企業に追いつき、追い越すのは容易ではない。

そこで、政府はそうした食品会社を支援する組織を、来年度東京に設立することを盛り込んだ計画をまとめた。開発費を補助する事業もスタートさせる予定で、国の支援事業がどこまで効果を発揮するか注目されている。

1　先細りする。

2　一進一退が続く。

3　苦戦を強いられる。

4　圧勝する。

30番

次の記事は、特許に関するものです。
今回の改正のポイントは何ですか。

改正特許法が3日、与野党の賛成多数で可決、成立した。これまで、社員が職務として成した発明は発明者に帰属するため、企業は社員に相当額の対価を払い、権利を社員から譲り受ける仕組みだった。改正法によって、契約や勤務規則などで定めた場合は、はじめから会社に帰属できるようになった。ただし、「発明にかかわった社員は相当の金銭、その他の経済上の利益を受ける権利を持つ」ことが明記された。規則が定められていない会社の場合は、従来通り社員が特許を取る権利を有する。改正法は、発明の対価をめぐる訴訟リスクに危機感を募らせた産業界の要望によって実現した。一方で、社員の発明への意欲を削ぐのではないかという懸念の声もある。

1 職務発明で得られる特許が「会社のもの」から「社員のもの」になった。

2 職務発明で得られる特許が「会社のもの」から「社員と会社のもの」になった。

3 職務発明で得られる特許が「社員のもの」から「会社のもの」になった。

4 職務発明で得られる特許が「社員のもの」から「社員と会社のもの」になった。

解答・解法

読解テスト

セクション **1**： 語彙・文法問題

1番

正答 **3**

今期の増益は、海外事業が売り上げに＿＿＿＿＿＿＿＿＿＿ことによるものだ。

1 与えた
2 活かした
3 貢献した
4 活躍した

〈解法〉「貢献する」は「何かの役に立つ」という意味だが、ビジネス表現として「～部門が利益に貢献した」などのように使われる。

2番

正答 **4**

もう少し価格を下げてくださるんでしたら、考え＿＿＿＿＿＿＿＿＿＿んですが。

1 なくてもいい
2 なければならない
3 ようとする
4 なくもない

〈解法〉「動詞否定形ない＋くもない／くはない」は「～の可能性もある」という意味。交渉の場面では相手に条件を提示して、「……なら／たら～（を）考えなくもないんですが」という形でよく使われる。

3番

正答 **1**

経験がないなら＿＿＿＿＿＿＿＿＿＿、彼は勤続20年のベテランなんだからそんな言い訳は通用しない。

1 いざしらず
2 さておき
3 とにかく
4 のみならず

〈解法〉「～は／なら＋いざしらず」は「～についてはわからないが／～なら許されるが」という意味。同じ意味の表現に「～は／なら＋ともかく」もある。

4番

正答 **3**

目標が達成できたのはみなさんの努力の成果に＿＿＿＿＿＿＿＿。

1 おかげです
2 よりません
3 ほかなりません
4 すぎません

〈解法〉「〜にほかならない」は「まさに〜だ」という意味で、断定的に強調したい時に使われる表現。

5番

正答 **2**

新しいサービスによって、利便性は＿＿＿＿＿＿＿上がるだろう。

1 圧倒的（あっとうてき）に
2 飛躍的（ひやくてき）に
3 比較的に
4 客観的に

〈解法〉「飛躍的（ひやくてき）」はある状態が急激に発展することを表す。「圧倒的（あっとうてき）」は他と比べものにならないほど優れている状態を表し、「圧倒的に大きい／強い／多い」などと使われる。

6番

正答 **1**

資金繰（しきんぐ）りがこうも厳しくては、プロジェクトからの撤退（てったい）は＿＿＿＿＿＿＿だ。

1 不可避（ふかひ）
2 不可逆（ふかぎゃく）
3 不必要
4 不可能

〈解法〉「不可避（ふかひ）」は「避けられない」の改まった表現。

7番

正答 **4**

話の持っていき方＿＿＿＿＿＿＿＿は、契約が取れるかもしれない。

1 場合で
2 次第に
3 問わずに
4 いかんで

〈解法〉「N＋（の）いかんでは／いかんによっては」は、「あるNの場合は」の意味で、ある状況や条件ではそうなることもあると言いたい時の硬い表現。2は「〜次第では」なら同じ意味になる。

8番

正答 **2**

今年の新人の態度は、失礼極（きわ）＿＿＿＿＿＿＿＿。

1 まらない
2 まりない
3 まれない
4 まわれる

〈解法〉「〜極（きわ）まりない」は、「非常に〜である」という意味の改（あらた）まった表現で、「迷惑」「失礼」「怠慢（たいまん）」などと一緒に悪い意味で使われる。

9番

正答 **3**

中東情勢の悪化で、現地社員の安全が＿＿＿＿＿＿＿されている。

1 懸案（けんあん）
2 不安
3 懸念（けねん）
4 難色（なんしょく）

〈解法〉「〜を懸念（けねん）する」は「〜の先行きや成り行きを心配する」という意味。問題文の主語は「現地社員の安全」なので、受身形「懸念されている」の3を選ぶ。

10番

正答 **4**

客先に約束した＿＿＿＿＿＿＿＿、部長を説得する自信がない。

1. ものを
2. もので
3. ものか
4. ものの

〈解法〉「〜ものの」はある状況に対して、「〜だが、しかし」という意味。ここでは「お客さんにはそう言ってしまったが、部長を説得する自信がない」という意味なので、4を選ぶ。

11番

正答 **2**

土地開発のあおりを受けて、地元の人々は先祖代々の土地からの移転を＿＿＿＿＿＿＿＿されている。

1. 際限（さいげん）なく
2. 余儀（よぎ）なく
3. 変更なく
4. 無理やり

〈解法〉「余儀（よぎ）ない」は「しようがない」の書き言葉。「〜を余儀なくされる」は、「しようがなく〜する」という意味。

12番

正答 **1**

申し訳ございません。ただいま名刺を＿＿＿＿＿＿＿＿おりまして……。

1. 切らして
2. 無くして
3. 持たずに
4. 足さずに

〈解法〉「名刺を切らしておりまして……」は、名刺が手元にない時に相手に言い訳する時の表現。

13番

正答 **1**

私には＿＿＿＿＿＿＿ので……ただいま担当の者に代わります。

1 わかりかねます
2 わかりかねません
3 受け入れかねます
4 受け入れかねません

〈解法〉「～かねる」は「～することができない」という意味。ビジネスではお客様の要望などに応えられない時、丁寧に断る表現として使われる。「～かねない」は、悪い結果を心配して「～かもしれない」という時の表現。混同しやすいので注意する。

14番

正答 **3**

Ｘ社との業務提携が実現したのは、ヤマダ産業の社長が＿＿＿＿＿＿＿くれたからだ。

1 間を縮めて
2 仲を割って
3 間に入って
4 仲に入れて

〈解法〉「間に入る」は「仲介する」の意味。文脈から3を選ぶ。

15番

正答 **2**

原案をよく＿＿＿＿＿＿＿上で、部の総意として役員会にかけよう。

1 絞めた
2 揉んだ
3 積んだ
4 込んだ

〈解法〉「揉む」はビジネス場面で「意見を出し合って検討する」の意味として使われる。

16番

正答 **2**

経営のトップが代わって、社内の＿＿＿＿＿＿＿＿＿がよくなった。

1. 風当たり
2. 風通し
3. 風向き（かざむき）
4. 風上（かざかみ）

〈解法〉「風通しがよい（⇔悪い）」は、「組織の中での情報の通い具合や、上司と部下のコミュニケーションの具合がいい（⇔悪い）」ことを表す。①の「風当たり」は「人や世間からの非難や攻撃」の意味で、「風当たりが強い」などと使われる。また、③の「風向き（かざむき）」は「物事の成り行きや人の機嫌（きげん）」の意味。

17番

正答 **4**

言う＿＿＿＿＿＿＿＿＿もありませんが、明日は時間厳守でお願いします。

1. わけ
2. こと
3. ほど
4. まで

〈解法〉「〜までもない」は「〜なくてもいい」「〜必要がないほど当然だ」という意味。ここでは、「言う必要がないぐらい当然のことであるが」と、前置きの表現として使われている。

18番

正答 **2**

いくらたたき台の資料とはいえ、こんな＿＿＿＿＿＿＿＿＿とした数字では、先方が承知しないだろう。

1. がっつり
2. ざっくり
3. きっちり
4. あっさり

〈解法〉「ざっくり」はビジネスの場面では、全体の大まかな様子を表し、「数字」「計画」などの言葉と一緒に使われる。

19番

正答 **3**

自分の信念を曲げて＿＿＿＿＿＿＿＿、出世したいとは思わない。

1 から
2 なら
3 まで
4 こそ

〈解法〉「〜てまで」はあとに続く文について、「そんな（考えられない）ことをして」とつけ加えて強調する時に使われる表現。

20番

正答 **1**

他部署と協働して、解決策を＿＿＿＿＿＿＿＿した。

1 模索（もさく）
2 思索（しさく）
3 検索
4 捜索（そうさく）

〈解法〉「模索（もさく）」はあれこれと探し求めることを表す。ビジネスでは、わからない状況の中でいろいろ考えて探すという意味で、「〜策を模索する」などのように使われる。

21番

正答 **4**

発想は良いから、実行可能な形に＿＿＿＿＿＿＿込んでください。

1 絞り（しぼり）
2 決め
3 照らし
4 落とし

〈解法〉「落とし込む」はビジネスでは、アイデアや考えを資料や手順などの具体的な形に反映させるという意味で使われる。

22番

正答 **2**

Ｙ社が起こした問題は見過ごせるものではないが、今後の付き合いを考えて、今回は＿＿＿＿＿＿＿＿責任を追及しないという結論に至った。

1 わざと
2 あえて
3 決して
4 よほど

〈解法〉「あえて」は後ろに続く意図を含む動詞と合わせ、「（気持ちとしては抵抗感はあるが）無理にそうする」という意味。ビジネスでは、上司が部下に「君のためにあえて苦言（くげん）を言わせてもらうが…」などのように使う。

23番

正答 **4**

私どもといたしましては、「朝型のビジネスマン」に＿＿＿＿＿＿＿商品展開を考えております。

1 得意な
2 特別な
3 変化した
4 特化（とっか）した

〈解法〉「特化（とっか）する」はビジネスでは「ある人やある部分を特別に考えて（商品を作る）」という意味で使われる。

24番

正答 **3**

優れた営業マンは、常に顧客一人一人に目を＿＿＿＿＿＿＿いる。

1 付けて
2 進めて
3 配って
4 通して

〈解法〉「〜に目を配る」は「注意してあれこれ見る」という意味。ビジネスでは、名詞の形で「田中さんは目配り（めくばり）が利（き）く」などのようにも使う。

25番

正答 **3**

今度の支店長には、ぜひ現場の声を＿＿＿＿＿＿＿＿もらいたいですね。

1 引き上げて
2 吸い取って
3 くみ上げて
4 まとめ取って

〈解法〉「〜の声をくみ上げる」は「〜の意見を聞いて採り上げる」の意味。「くむ」は「水をくむ」と使われるが、「人の気持ちを推し量る」という意味もある。

26番

正答 **3**

基本合意には至ったが、詳細については、話を＿＿＿＿＿＿＿＿なければならない。

1 つけ　　2 通さ　　3 つめ　　4 出さ

〈解法〉「つめる」は「隙間をなくす」という意味だが、ビジネスでよく使われる「話をつめる」は、「問題のあるところを十分話し合って解決する」という意味。「話をつける」は「話をまとめる、決着させる」こと。「話を通す」は「相手の了承を得る」こと。

27番

正答 **1**

取引先に＿＿＿＿＿＿＿＿、結局、譲歩してしまった。

1 ごねられて
2 よろこばれて
3 さわいで
4 あばれて

〈解法〉「ごねる」は自分の思い通りにするために文句や不満を言うこと。「ごねられる」はその受身形。

28番

正答 **1**

A：申し訳ございません。私どもの＿＿＿＿＿＿＿で、発注ミスが
　　ございまして……。
B：困りますねぇ。

|1| 不手際　　|2| 不祥事　　|3| 非常識　　|4| 無遠慮

〈解法〉「不手際」は物事の処理が悪いことで、ビジネスでは取引先へのクレーム対応などの際に、自社のミスを認めて謝る時に使われる。「不祥事」は関係者にとって不名誉な事件や出来事のこと。「このたびの私どもの不祥事では、御社に大変ご迷惑をおかけしまして……」などと使う。

29番

正答 **2**

A：大事な会議の前で部長は＿＿＿＿＿＿＿しているから、今は話し
　　かけないほうがいいですよ。
B：そうですか。わかりました。

|1| どきどき　　|2| ぴりぴり　　|3| わくわく　　|4| きんきん

〈解法〉「ぴりぴり」は神経が高ぶって敏感になっている様子を表す。ビジネスでは、会議や発表会、トラブルなど緊張した場面で使われる。

30番

正答 **2**

A：前回、無理を聞いてもらいましたから、今回はちょっと色を
　　＿＿＿＿＿＿＿おきました。
B：ありがとうございます。

|1| 変えて　　|2| つけて　　|3| とって　　|4| 盛って

〈解法〉「色をつける」は「安くする」の意味。ビジネスの場面によっては、相手に支払う額を少し多くするという意味にもなる。「色」には「情」「気持ち」といった意味がある。

読解テスト

1番

正答 **1**

A：はじめまして、森と申します。
B：あなたが森さんですか。お噂はかねがね＿＿＿＿＿＿＿。

1 伺っていますよ
2 伺いましたよ
3 伺いますよ
4 伺ったことがありますよ

〈解法〉「お噂はかねがね（＝前から）聞いていますよ」と同じ意味を示すものを選択肢から選ぶ。

2番

正答 **3**

A：部長、すみません、＿＿＿＿＿＿＿の時にこちらの企画書を見ていただきたいのですが。
B：わかりました。

1 暇つぶし　　　2 お手間　　　3 お手隙　　　4 余暇

〈解法〉「手隙」は仕事が一段落して手が空いていることを表す。「お手隙の時に」「お手隙でしたら」などの形で、目上の人に何かを頼む時に使われる。

3番

正答 **1**

A：山田君、今朝のニュース見たかい。我々の新商品が取り上げられてたよ。
B：ええ、私も＿＿＿＿＿＿＿。

1 見ました
2 拝見しました
3 ご覧になりました
4 お目にかかりました

〈解法〉Bさんが「見た」のは自社の新商品のニュースなので、謙譲表現を使う必要はない。

4番

正答 **4**

A：ごぶさたしております。＿＿＿＿＿＿＿＿。
B：こちらこそ。ありがとうございました。

1 その時はどうも
2 その折はどうも
3 その際はどうも
4 その節はどうも

〈解法〉以前会った時にお世話になったお礼を言う場合の決まり文句。

5番

正答 **2**

A：実は、納期の件なんですが、あと3日ほど＿＿＿＿＿＿＿＿と思いまして……。
B：3日ですか……うーん、それは厳しいですね……。

1 お待ちしたい
2 お待ちいただけないか
3 待たせていただきたい
4 お待ちしていただきたい

〈解法〉「お／ごＶいただけないかと思いまして」は、相手に依頼する時に使われる表現。

6番

正答 **2**

A：今回の在庫引取りの件では、いろいろありがとうございました。御社の＿＿＿＿＿＿＿＿で、なんとか乗り切ることができました。
B：いえいえ。お役に立てたのなら幸いです。

1 お世話さま　　2 おかげ　　3 おかげさま　　4 お世話

〈解法〉「～のおかげで」は心配してくれた相手に「ありがとう」の気持ちを伝える表現。文頭につけて言う時は「おかげさまで」を使う。「御社のおかげさまで」とは言わないので注意が必要である。

7番

正答 3

御社の来期の商品戦略について、＿＿＿＿＿＿＿お聞かせいただけない
でしょうか。

1 お出来になる限り
2 お邪魔にならなければ
3 お差しつかえない範囲で
4 お暇になりましたら

〈解法〉「お差しつかえない範囲で、お聞かせ／お教え／お話しいただけないでしょうか」
は、「（相手の）許容範囲でいいから、聞かせて／教えて／話してもらいたい」と
いうことを丁寧に頼む時の表現。

8番

正答 4

Ａ：わざわざ＿＿＿＿＿＿＿すみませんね。
Ｂ：いえいえ、ついでがあったもんですから。

1 ご迷惑いただいて
2 ご面倒いただいて
3 ご苦労いただいて
4 ご足労いただいて

〈解法〉「ご足労」は、相手が来ることや行くことを敬って言う時の表現。「ご苦労」は似
ているが、目上の人には使えないので注意する。

9番

正答 1

Ａ：これまでのおつきあいをご配慮いただいて、＿＿＿＿＿＿＿お願い
します。
Ｂ：うーん、そう言われましてもねえ……。

1 なんとか
2 なんとなく
3 なんでも
4 なんらか

〈解法〉「なんとかお願いします」は、相手に難しいことを頼む場合に「お願いします！」
と相手の心情に訴える表現。ほかに「なんとかしていただけないでしょうか」「そ
こをなんとか」などの言い方がある。

10番

正答　**4**

A：制度そのものを抜本的（ばっぽんてき）に変える必要があると思いますが。

B：＿＿＿＿＿＿＿＿＿が、周りに与える影響の大きさも無視できないんじゃ
ないでしょうか。

1　おっしゃった通りです
2　おっしゃる必要はあります
3　おっしゃったわけです
4　おっしゃることはわかります

〈解法〉「おっしゃることはわかりますが〜」は、相手の言い分を一度受け入れてから反
対意見を述べる時の決まり文句。

11番

正答　**2**

A：この方向で進めてもよろしいでしょうか。

B：ええ、基本的には結構です。＿＿＿＿＿＿＿＿＿、スケジュールに
ついてはもうちょっと考えていただければと思いますが……。

1　そこで
2　ただ
3　重ねて
4　ところで

〈解法〉相手の言い分に納得（なっとく）できずに反論する時、ビジネスの場面では「でも」の代わり
に「ただ」が使われる。

12番

正答　**2**

お客様、恐れ入りますが、こちらでのご飲食は＿＿＿＿＿＿＿＿＿。

1　おやめください
2　お控（ひか）えください
3　ご禁止ください
4　ご抑制（よくせい）ください

〈解法〉「控（ひか）える」は「配慮して自分の行動を抑える」意味だが、「お控えください」は「し
ないでください」と相手に遠回しに頼む時に使われる。ほかに「ご遠慮ください」
などの言い方がある。

13番

正答 **4**

A：じゃ、＿＿＿＿＿＿＿＿＿。
B：ええ、よろしくお願いします。今日はありがとうございました。

1. それで
2. 以上で
3. 終わりで
4. そういうことで

〈解法〉「では／じゃあ、そういうことで」は、相手との話を終える時の決まり文句。

14番

正答 **4**

鈴木様の携帯電話でしょうか。私、アイエスサービスの市川ですが、
今、お電話＿＿＿＿＿＿＿＿＿。

1. 結構でしょうか
2. 問題でしょうか
3. 失礼でしょうか
4. よろしいでしょうか

〈解法〉「今、お電話よろしいでしょうか」は、今話してもいいかどうか相手の都合を聞く時に使われる表現。

15番

正答 **1**

A：せっかくですが、今回のお話は＿＿＿＿＿＿＿＿にしていただきたいん
　ですが……。
B：そうですか。残念です。

1. なかったこと
2. なくしたこと
3. ないよう
4. なくすよう

〈解法〉「今回の話はなかったことに（していただきたいんですが）……」は、「話を白紙（最初）に戻す」という意味で、交渉などが決裂した時に使われる決まり文句。

16番

正答 **3**

A：先方の条件を全部受け入れるんですか。

B：いや、全部というわけではないが、このままでは＿＿＿＿＿＿＿＿
　　だから。どこかで折り合わないと。

1　一直線
2　曲線
3　平行線
4　蛇行（だこう）

〈解法〉「平行線」は「互いの意見が対立したまま、いつまでも一致しない」ことを表す。

17番

正答 **2**

A：中川はただいま外出しておりまして……。＿＿＿＿＿＿＿＿、
　　ご用件を承りますが。

B：そうですか。ではお願いします。

1　私がよろしければ
2　私でよろしければ
3　私がよろしかったら
4　私さえよろしければ

〈解法〉「（私で）よろしければ〜」で、相手に何か働きかける時に、相手の都合を聞く時
　　　　の決まり文句。

18番

正答 **1**

A：では、池田部長がお戻りになりましたら、明日の２時に御社に伺わせて
　　いただくとお伝えください。

B：承知しました。復唱（ふくしょう）いたします。明日の２時に＿＿＿＿＿＿＿＿という
　　ことですね。

1　弊社にいらっしゃる　　　2　弊社に参る
3　御社にいらっしゃる　　　4　御社に伺う

〈解法〉電話で受けた伝言を繰り返して確認する時は、だれの動作なのかによって敬語を
　　　　正しく使い分けることが必要である。ここでは、相手が「御社に伺わせていただ
　　　　く」と言っているので、「御社」を「弊社」に変え、相手の動作に対しては尊敬（そんけい）
　　　　表現「いらっしゃる」を使う。

19番

正答 **1**

近くまで来たものですから、ご挨拶＿＿＿＿＿＿＿と思いまして。

1 だけでも
2 だけなら
3 のみならず
4 してこそ

〈解法〉「ご挨拶だけでも」というのは、相手の会社を突然訪問した時に使われる決まり
　　　　文句。

20番

正答 **4**

A：おたくの新商品、出足好調だってね。
B：ええ、多くのお客様から使いやすいというお言葉を＿＿＿＿＿＿＿。

1 いただいていらっしゃいます
2 いただきたいと思います
3 ちょうだいしていらっしゃいます
4 ちょうだいしております

〈解法〉「～から（の）お言葉をちょうだいする／いただく」は、「～からそう言われる」
　　　　という意味を示す謙譲表現。「ちょうだいする」は「いただく」よりさらに丁寧。

21番

正答 **3**

A：もう一度ご検討願えませんか。
B：これ以上はちょっと……＿＿＿＿＿＿＿。

1 ご勘弁してください
2 出来かねません
3 ご容赦ください
4 観念してください

〈解法〉「ご容赦ください」は、「お許しください」と同じ意味を表す。他に「ご勘弁くだ
　　　　さい」などがある。

22番

正答　3

A：課長、先ほどアサヒ商事の佐藤様からお電話がありまして、折り返し
　お電話をいただきたい＿＿＿＿＿＿＿＿。
B：ああ、そう。ありがとう。

1　とおっしゃいました
2　ようでした
3　とのことでした
4　そうでした

〈解法〉「～とのことです／でした」は、電話で受けた伝言を、戻って来た人に伝える時
　　　の決まり文句。

23番

正答　2

A：こちらは、女性向けに開発したスイーツです。どうぞ召し上がってみて
　ください。
B：この味は……女性向けというより、＿＿＿＿＿＿＿子ども向けなん
　じゃないかな。

1　もっとも　　　2　むしろ　　　3　相対的　　　4　比較的

〈解法〉「むしろ」は「XよりYを選ぶ」という気持ちを表す時に、「X（という）よりむ
　　　しろYだ」などの形で使う。同様の意味を表す「どちらかといえば」より硬い言
　　　い方になる。

24番

正答　1

ただいまご紹介に＿＿＿＿＿＿＿＿エムエム物産の田中でございます。

1　あずかりました
2　あずけました
3　あずかっていただきました
4　あずけていただきました

〈解法〉「ただいまご紹介にあずかりました○○の【名前】です」は、スピーチで進行役
　　　が紹介してくれたあとに話し始める場合に使われる表現。

25番

正答 **3**

A：今月の売り上げ、よかったんですって。
B：うん、まあ、＿＿＿＿＿＿＿＿＿＿＿＿ってところかな。

1 だいたい
2 ほどほど
3 まずまず
4 まだまだ

〈解法〉「まずまず」は「よいとも悪いとも言えないが、一応満足できるプラス評価」という主観的判断を表す。「ほどほど」は「ちょうどよい」の意味なので、×。

26番

正答 **3**

A：あんな大手とよく契約ができましたね。
B：ええ、金子産業の社長が＿＿＿＿＿＿＿＿＿＿＿くれまして。

1 口を挟んで
2 手を借りて
3 口を利いて
4 手を結んで

〈解法〉「口を利く」は「両者の間に立って物事がうまくいくように世話をする」という意味。ビジネスでは交渉の場面などで使われる。似た言葉に「口添えする」がある。

27番

正答 **1**

いただいたお電話で＿＿＿＿＿＿＿＿＿＿、
例のプロジェクトの件でひとつご相談したいことがございまして……。

1 恐縮ですが
2 お手数ですが
3 お願いですが
4 勝手ですが

〈解法〉「いただいたお電話で恐縮ですが／申し訳ありませんが」は、相手からかかってきた電話で自分の用件を話す時に、申し訳ないという気持ちを込めて使われる決まり文句。

28番

正答 2

Ａ：キャンペーン初日で大変だろうから、営業から応援に行かせるよ。
Ｂ：ありがとうございます。そうしていただけると＿＿＿＿＿＿＿＿。

1　喜ばれます
2　助かります
3　幸甚（こうじん）です
4　幸せです

〈解法〉「〜と／たら助かります」は「そうしてくれたら私の負担が軽くなります」という意味で、相手に感謝の気持ちを伝える時に使われる表現。ほかに「〜とありがたいです」などの表現もある。なお、「幸甚（こうじん）」は書き言葉で使われる。

29番

正答 4

Ａ：お客さんから「値段をもっと下げてくれ」って言われちゃったよ。
Ｂ：またですか。まったくあのお客さんには、いつも＿＿＿＿＿＿＿＿ますよね。

1　泣いてくれ　　　　2　泣いてもらい
3　泣かれてしまい　　4　泣かされ

〈解法〉「〜に泣かされる」は、「〜に無理なことを言われて困る」という意味。ビジネスでは他に、「ここはうちが泣きましょう」「（相手に）泣いてもらうしかないですね」などと使われる。

30番

正答 2

Ａ：無理は＿＿＿＿＿＿＿＿でのお願いなんですが……。
Ｂ：いやあ、いくらなんでもそれは……。

1　ご存知の上
2　承知の上
3　ご承知の上
4　承諾（しょうだく）の上

〈解法〉「無理は承知の上でのお願いなんですが……」は「あなたにとって無理な頼みであることは十分わかっているけれども、それでもお願いします」という気持ちを込めて使われる決まり文句。

読解テスト

セクション**3**： 総合読解問題

1番

次のような手紙を受け取りました。

用件は何ですか。

○○○○年○月○日

株式会社○○
代表取締役社長　　○○○○様

○○株式会社
代表取締役社長　　○○○○

拝啓　時下ますますご盛栄のこととお喜び申し上げます。
　さて、すでにご承知のことと存じますが、弊社では現在、東南線横田駅前にショッピングセンター「ヒルズ横田」を建設中でございます。この「ヒルズ横田」は、「新しいライフスタイルの提案と交流の場」をコンセプトとしており、物品販売と飲食店の集合体といった従来のショッピングセンターとは一線を画するものでございます。また、商業地域としての立地条件もよく、非常に期待の持てるマーケットであると確信いたしております。
　つきましては、別記要領にて当ショッピングセンターへの出店を希望される専門店様に向けて説明会を開催いたしますので、よろしくご検討の上、ぜひご参加賜りますようお願い申し上げます。
　なお、同ショッピングセンターの建築概要の資料は、当日ご参加の方のみにお渡しいたします。

敬具

　1　出店の勧誘　　　2　市場調査の依頼　　　3　説明会開催の依頼　　　4　資料請求

正答 **1**

＜解法＞

「つきましては（＝そういうわけだから）」は、ビジネス文書では用件を表すことが多いので、あとに続く内容に注意して読む。ここでは、「当ショッピングセンターへの出店を希望される専門店様に向けて説明会を開催……ぜひご参加賜りますようお願い申し上げます」とあるので、1が正答。「賜る」は、「いただく」より高い敬意を示す表現。

2番

次のような手紙を受け取りました。
新サービスの特徴は何ですか。

○○○○年 10 月 3 日

お客様各位

株式会社○○
代表取締役社長　　○○○○

　拝啓　時下ますますご清栄のこととお喜び申し上げます。平素は格別の
お引き立てにあずかり、厚く御礼申し上げます。
　さて、ご利用いただいております BEP 浄水器につきましては、従来も
ご希望のお客様に対し、6 か月に一度のアフターケアを承ってまいりま
したが、このたび新たに週 1 回のケア代行サービスを開始することにな
りました。
　BEP 浄水器は画期的な新処理方式により、お客様による内部清掃を最
小限に軽減しておりますが、新サービスはすべてのケアを代行するとと
もに、機器の状態を集中管理しようというものです。
　サービスの内容および料金については別紙の通りとなっております。
ご高覧の上、ぜひとも導入をご検討いただきたくお願い申し上げます。

敬具

|1| 画期的な新処理方式を採用したこと
|2| 内部清掃を最小限に軽減したこと
|3| 週 1 回、全部のケアを代行すること
|4| 半年に 1 回、無料ケアを実施すること

正答　3

＜解法＞

問題文の「新サービスの特徴は何」から、文書の同じ言葉がある部分に注意して読む。「こ
のたび新たに週 1 回のケア代行サービスを開始することになりました」「新サービスはすべ
てのケアを代行」とあるので、3 が正答。

次のような手紙を受け取りました。

先方は何をしてほしいと言っていますか。

○○○○年3月10日

○○株式会社
代表取締役　　○○○○様

○○株式会社
代表取締役社長　　○○○○

　前略　さて、貴社で製造販売されている製品名MMBについてお尋ねいたします。

　貴社製品MMBは、弊社所有の特許権第50341X号および実用新案権第798433X号による技術に類似した製法で製造していることを、弊社開発部が調査により指摘しております。

　弊社といたしましては、貴社製品MMBは当社の特許権を侵害している恐れがあると判断いたしました。

　つきましては、至急検討していただき、しかるべき措置をとられますよう要望いたします。

　ご検討の結果を、当社宛てに○○○○年3月25日までにご回答いただきたくお願い申し上げます。

草々

[1] MMBの不具合の原因を調べてほしい。

[2] MMBの製造・販売を中止してほしい。

[3] MMBを作るので特許権を使わせてほしい。

[4] MMBの製品名を変更してほしい。

正答 **2**

＜解法＞

用件を表す「つきましては」のあとに続く内容に注意して読む。「しかるべき措置……要望いたします」とあり、具体的な内容には触れていない。ここでは、「しかるべき（＝適当な）措置」の内容を文全体から推測して、選択肢から消去法で選ぶ。相手は「貴社製品MMBは当社の特許権を侵害」と言っていることから、[2]が正答。

4番

次のような手紙を受け取りました。
用件は何ですか。

○○○○年○月○日

○○物産株式会社
営業部長　　○○○○様

○○株式会社
開発部長　　○○○○

拝啓　貴社ますますご清祥のこととお喜び申し上げます。
　先日は、弊社新製品SV503のデモンストレーションのためにお時間をお取りいただいておりましたにもかかわらず、当方の事情でお伺いできなくなり、貴社の皆様に大変なご迷惑をおかけいたしましたことを深くお詫び申し上げます。
　デモンストレーション前日になりまして、ご紹介申し上げる予定のオプション機能に不具合が生じ、原因を特定するためにお時間をいただいた次第でございます。その後、原因を特定、回避策も明らかになっております。
　大変恐縮ですが、新たにお時間を設けてくださいましたら、万全の準備を整えてお伺いしたいと存じます。
　近日中にあらためてお電話させていただきますので、どうかよろしくお願い申し上げます。

敬具

1　デモンストレーション取り消しのお願い
2　デモンストレーション再設定のお願い
3　SV503のオプション機能追加のお知らせ
4　SV503の不具合の原因のお知らせ

正答　**2**

＜解法＞

相手に依頼する時に使われる「（大変）恐縮ですが」のあとに続く内容に注意して読む。
「新たにお時間を設けてくださいましたら……お伺いしたい」とあるので、2が正答。

次のような手紙を受け取りました。
用件は何ですか。

〇〇〇〇年〇月〇日

〇〇商事株式会社
代表取締役社長　〇〇〇〇様

〇〇株式会社
代表取締役社長　〇〇〇〇

拝復　貴社いよいよご隆盛のこととお喜び申し上げます。
　さて、お申し越しのありました直接お取引の件でございますが、流通システムの簡素化は、時代の流れを考えますとごもっともなお考えだと存じます。ただ、当社の経営方針といたしましては、当面、販売部門は全国の代理店に委ね、私どもは製造に専念する所存でございます。
　本来ならば、当社も今回の貴社からのお申し入れにお応えできる体制を作っておかなければならないのですが、遺憾ながらそこまではまだ力が及ばない状況でございます。
　何とぞ、事情をご賢察の上、悪しからずご了承くださいますようお願い申し上げます。

敬具

1　販売部門は代理店に任せられない。
2　これからは製造だけではやっていけない。
3　流通システムを簡素化するつもりだ。
4　直接取引には応じられない。

正答 **4**

<　解　法　>

「お申し越しのありました（＝あなたが言ってきた）直接お取引の件」「当社の経営方針……当面……製造に専念」「何とぞ、事情をご賢察の上、悪しからずご了承くださいますようお願い申し上げます」から、断りの手紙であることがわかる。正答は4。「悪しからず」は「悪く思わないで」の意味。

6番

次のような手紙を受け取りました。

手紙を受け取った社員は一番はじめに何をしますか。

○○○○年 5 月 15 日

○○株式会社
営業第一課課長　○○○○様

株式会社○○
営業部長　○○○○

拝啓　貴社ますますご繁栄のこととお喜び申し上げます。
平素は格別のご愛顧をいただき厚く御礼申し上げます。
　さて、5 月 14 日付け貴信によりご注文いただきました E－330 でございますが、発売以来弊社の予想を大幅に上回る売れ行きで、現在在庫切れの状態となっております。現在、フル稼働で製造しておりますが、お届けできるのは、ご指定の納期日より約 1 か月遅れとなる見込みです。
　つきましては、同製品の改良型 F－120 が発売されており、従来品より性能もよく、価格も割安（わりやす）となっておりますことから、同封のカタログをご検討いただけると幸甚（こうじん）でございます。代替品でよろしければすぐに手配させていただきます。
　恐縮でございますが、再度ご検討いただきまして、あらためてご一報くださいますようお願い申し上げます。

敬具

1　先方の納期を待つ。　　2　先方に代替品（だいたいひん）を注文する。

3　E－330 のカタログを見て検討する。

4　E－330 にするか、F－120 にするかを検討する。

正答　4

＜解法＞

本題に入ることを表す「さて」と、用件を表す「つきましては」のあとに続く内容にそれぞれ注意して読む。「ご注文いただきました E－330 ……現在在庫切れ」「ご指定の納期日より約 1 か月遅れとなる見込み」「……改良型 F－120 が発売……同封のカタログをご検討いただけると幸甚（こうじん）……」「代替品（だいたいひん）でよろしければすぐに手配」「再度ご検討……お願い申し上げます」から、4 が正答。「〜いただけると幸甚でございます」は、「〜いただけると幸いでございます」と同じ意味を表す、文書で用いられる硬い表現。

7番

次のような手紙が届きました。この手紙の**用件**は何ですか。

> 拝復　このたびはご丁重なお見舞い状を賜り、心より御礼申し上げます。社員一同どれだけ励みになったか、言葉に尽くせません。
>
> 　数十年に一度と言われる集中豪雨のため、テレビや新聞等で報道されましたように、東川が氾濫し、町の中心部が冠水しました。
>
> 　そのような中で、さいわいにも弊社は床下浸水程度で、社屋の損壊もさほどではなく、人的被害は皆無でした。操業にはほとんど影響がなく、皆様にはご迷惑をおかけせずにすみそうです。どうかご休心ください。
>
> 　本来は早速参上して、お礼申し上げるところでございますが、まずは取り急ぎ書面をもってご報告まで。
>
> 敬具

1. 町の被害に対する心のこもった見舞い状に、町民も社員も勇気を得たということ。
2. 町同様、弊社も甚大な被害を受けたので、操業への影響は計り知れないということ。
3. 町は水害に見舞われたが、弊社の被害は大したことはないので安心してほしいということ。
4. 町も弊社もマスコミで大きく報道され、騒がれているので、静かにしてほしいということ。

正答　**3**

＜解法＞

文書の「拝復……お見舞い状を賜り、心より御礼」「集中豪雨……東川が氾濫（＝洪水になる）……町の中心部が冠水（＝水をかぶる）」「さいわいにも弊社は床下浸水程度……操業……影響がなく……ご休心（＝安心）ください」から、③が正答。「拝復」は手紙文で返信のはじめにつける言葉。

8番

次の文書は支払いに関する覚書です。

7月の支払い代金が65万円の場合、甲は乙に対しどのように支払いますか。

○○○○年7月10日締結の物品売買契約書に付随する支払覚書

株式会社川上商店（以下甲と称す）と村田酒造株式会社（以下乙と称す）は、○○○○年7月10日付契約書第6条2項の支払い条件について、双方合意の上、後記の件についてのみ例外として認め、覚書とする。

記

1．契約書第6条2項、甲が乙に対し支払う商品の代金は、各月末払いとなっているが、支払代金が1か月50万円を超えた場合は、50万円を各月末払いとし、残金は乙の決算期に当たる3月末日、及び9月末日に半年分を一括払いとする。
○○○○年7月10日

千葉県千葉市○○○
株式会社川上商店
代表取締役社長　川上　太

秋田県秋田市○○○
村田酒造株式会社
代表取締役社長　村田一郎

1　7月31日に50万円、3月31日に15万円を支払う。

2　7月31日に50万円、9月30日に15万円を支払う。

3　7月31日に65万円を支払う。

4　9月30日に65万円を支払う。

正答　**2**

＜解法＞

問題文の「7月の支払い代金が65万円」を見て、文書のハイライトの部分を読み取る。7月に生じた支払い分の残金は9月末日に支払うということがわかれば、2が選べる。

9番

次の文書は、会社が契約しているスポーツクラブの会則の一部です。
3月10日に窓口で退会を申し出て、翌日、書類を提出した場合、退会日は
いつになりますか。

【第11条】
メンバーは、各月の10日（10日が休館日の場合翌営業日）までに本クラブに所定の退会届を出してください。その月末限りで退会することができます。電話等口頭での退会は受け付けません。10日を過ぎた場合は、事務手続きの都合上、翌月末日扱いになります。

---

1. 3月10日
2. 3月11日
3. 3月31日
4. 4月30日

正答 **4**

＜解法＞

問題文の「3月10日に窓口で退会を申し出て、翌日、書類を提出」「退会日はいつ」を見て、文書のハイライトの部分を読み取る。申し出ただけでは退会を受け付けてもらえないので、退会受付日は書類を提出した3月11日となる。したがって、退会日は翌月末の4月30日である。正答は4。

10番

次のような手紙が届きました。
この手紙の**用件**は何ですか。

○○株式会社
代表取締役社長　野田弘様

謹啓　小夏の候、貴社益々ご隆昌のこととお慶び申し上げます。
平素は格別のご高配を賜り厚く御礼申し上げます。
　さて、去る6月15日開催の弊社定時株主総会におきまして、社名の変更が決議されましたのでご報告申し上げます。また、同日の株主総会ならびに取締役会におきまして、下記のとおり役員が選任され、それぞれ就任いたしました。
　つきましては、微力ながら最善を尽くして社業の発展に専心努力いたす所存でございますので、何卒ご高承の上、今後とも一層のご支援ご鞭撻を賜りますようお願い申し上げます。
　まずは、略儀ながら書中をもちましてご挨拶申し上げます。

謹言

○○○○年6月21日

株式会社　池山産業
代表取締役社長　松永健一

記

旧社名：株式会社　池山産業
新社名：株式会社ABC　　（7月1日より）
代表取締役社長　　松永健一
常務取締役　　　　山田真
取　締　役　　　　谷口美香
監　査　役　　　　島津次郎

以上

1. 役員変更とその経緯
2. 社名変更とその経緯
3. 社名変更と新役員のお知らせ
4. 社業発展について協力のお願い

正答　**3**

＜解法＞

問題文を読み、文書の「さて」のあとに続く内容に注意して読む。ハイライトの部分から、この手紙が社名変更と新役員就任の挨拶であることがわかる。正答は3。

次のような手紙が届きました。
欠席の際は何をしてほしいと言っていますか。

第十九回定時株主総会開催のご案内

拝啓　初夏の候、ますますご清祥のこととお慶び申し上げます。

さて、左記のとおり、第十九回定時株主総会を開催いたしますので、何卒万障お繰り合わせの上、ご臨席を賜りますようご案内申し上げます。

なお、当日欠席される場合は、誠にお手数ながら参考資料をご高覧いただき、同封の委任状に議案に対する賛否の明示およびご記名ご捺印の上、速やかにご返送くださいますようお願い申し上げます。

敬具

〇〇〇〇年六月一日

四谷電子株式会社
代表取締役　佐藤隆

記

日時　〇〇〇〇年六月二十七日（水曜日）午後二時
場所　ホテルグランド　光の間

第一号議案　第十八期営業報告
　　　　　　貸借対照表・損益計算書の報告
第二号議案　取締役の任期満了による改選に関する件

以上

---

1 委任状を持参し、万障繰り合わせて臨席してほしい
2 委任状に賛否を示し、名前を書いて印鑑を押し、返送してほしい
3 参考資料と委任状を速達で送ってほしい
4 参考資料に賛否を示し、記名と捺印をした委任状を返送してほしい

正答 2

＜解法＞

問題文を読み、文書の「欠席される場合は」のあとに続く内容に注意して読む。正答は 2 。
「万障お繰り合わせの上、ご臨席を賜りますよう…」は相手に出席を促す時の硬く丁寧な表現。「高覧」は「見る」の尊敬語で、手紙文で見られる硬い表現。

12番

次のような手紙が届きました。
手紙の**趣旨**は**何**ですか。

謹啓　新緑の候、いよいよご清祥のこととお慶び申し上げます。

さて、このたびは代表取締役社長鈴木様には、めでたく喜寿（きじゅ）を迎えられましたとのこと、謹んでお祝い申し上げます。

創業期より幾多の難局を乗り越え、今日の繁栄を築かれました鈴木様の、進取の精神と温厚なお人柄は私ども後輩の模範とするところでございます。

今後もますますご壮健にて、ご指導ご鞭撻を賜りますようお願い申し上げます。

なお、お祝いのしるしまでに、心ばかりの品を別便にてお送りいたしましたので、ご笑納（しょうのう）いただければ幸いです。

まずは書中をもちましてお祝い申し上げます。

謹言

○○○○年5月

○○株式会社
代表取締役社長　鈴木勝様

株式会社○○
代表取締役社長　大山健一

[1] 社長の喜寿（きじゅ）のお祝い
[2] 社長の喜寿のお知らせ
[3] 社長退任のお知らせ
[4] 会社の喜寿のお祝い

正答 **1**

＜解法＞

問題文を読み、文書の「さて」のあとに続く内容に注意して読む。正答は[1]。
「喜寿（きじゅ）」は77歳の（長寿を祝う）こと。「笑納（しょうのう）」は手紙文で使われ、贈り物をする際、「つまらない物ですが、笑って受け取ってください」という気持ちを表す言葉。

13番

取引先から次のようなメールが届きました。
納期に間に合う数が 550 ケースの場合、取引先の人はどうしてほしいと言っていますか。

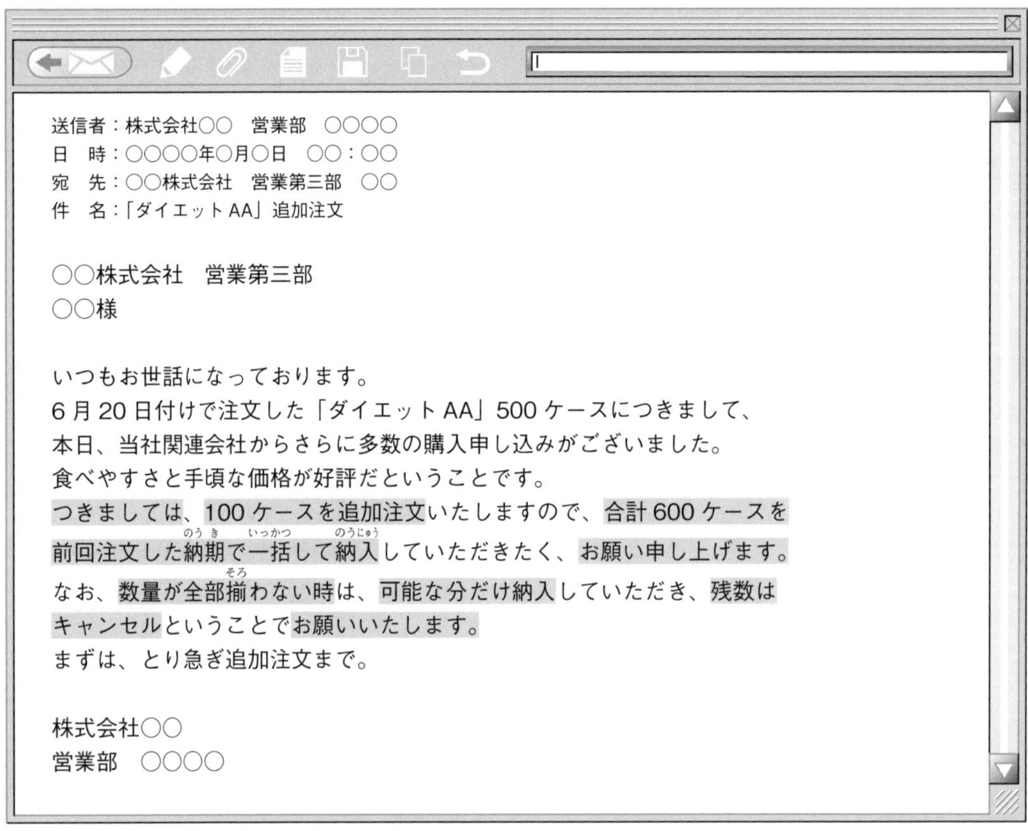

1　600 ケースを出来次第、一括納入する。
2　納期に 500 ケースを納入して、100 ケースをキャンセルする。
3　納期に 550 ケースを納入して、50 ケースは出来次第納入する。
4　納期に 550 ケースを納入して、50 ケースをキャンセルする。

正答　4

<解法>

用件を表す「つきましては」のあとに続く内容に注意して読む。「100 ケースを追加注文
……合計 600 ケースを前回注文した納期で一括して納入……お願い申し上げます」「数量
が全部揃わない時は、可能な分だけ納入……残数はキャンセル……お願いいたします」か
ら、納期に間に合う数が 550 ケースの場合、正答は 4 となる。

14番

取引先から次のようなメールが届きました。
8月12日の午後7時に、納入した機器にトラブルが生じた場合、メールを受け取った社員は
何をしますか。

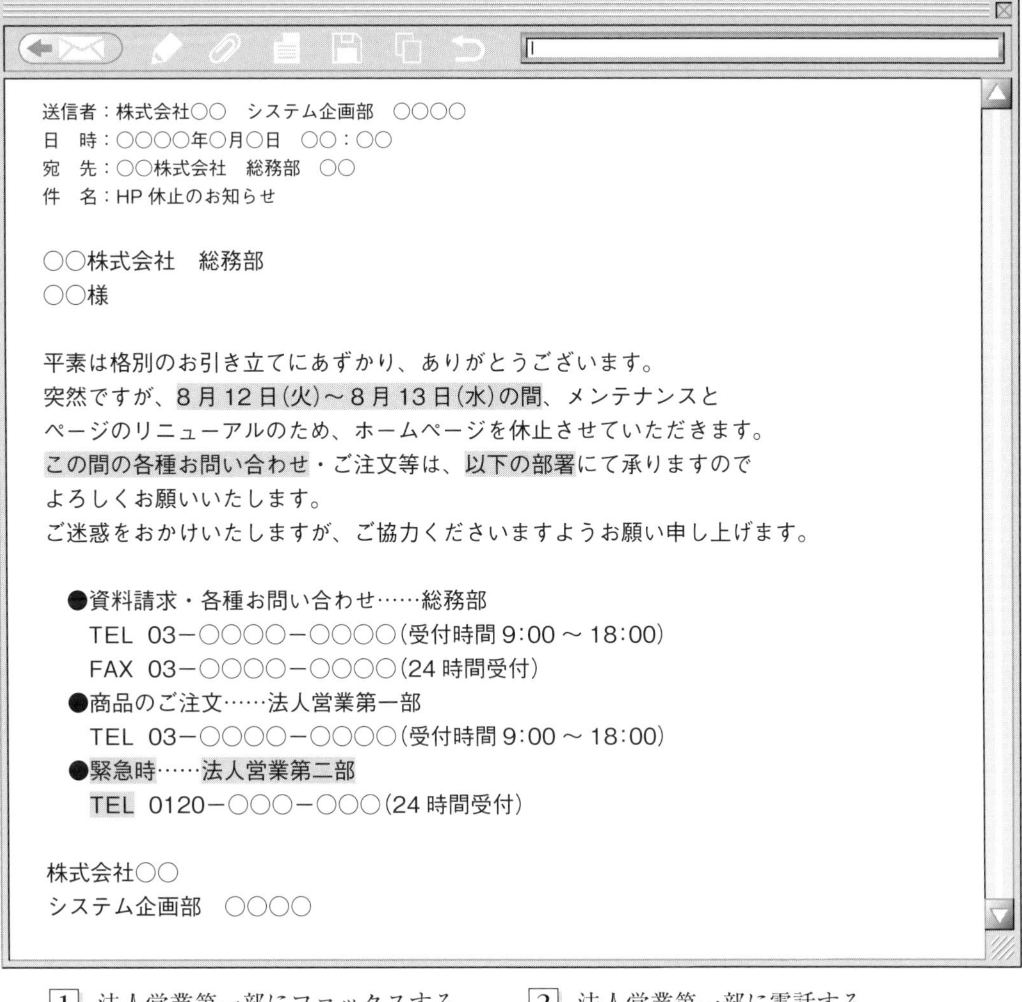

1　法人営業第一部にファックスする。	2　法人営業第一部に電話する。
3　法人営業第二部に電話する。	4　総務部に電話する。

正答 **3**

＜解法＞

問題文の「8月12日の午後7時に、納入した機器にトラブル」を読んで、文書の「緊急時
…法人営業第二部」と「TEL」の情報から判断する。正答は3。

15番

取引先から次のようなメールが届きました。
取引先の人は何をしてほしいと言っていますか。

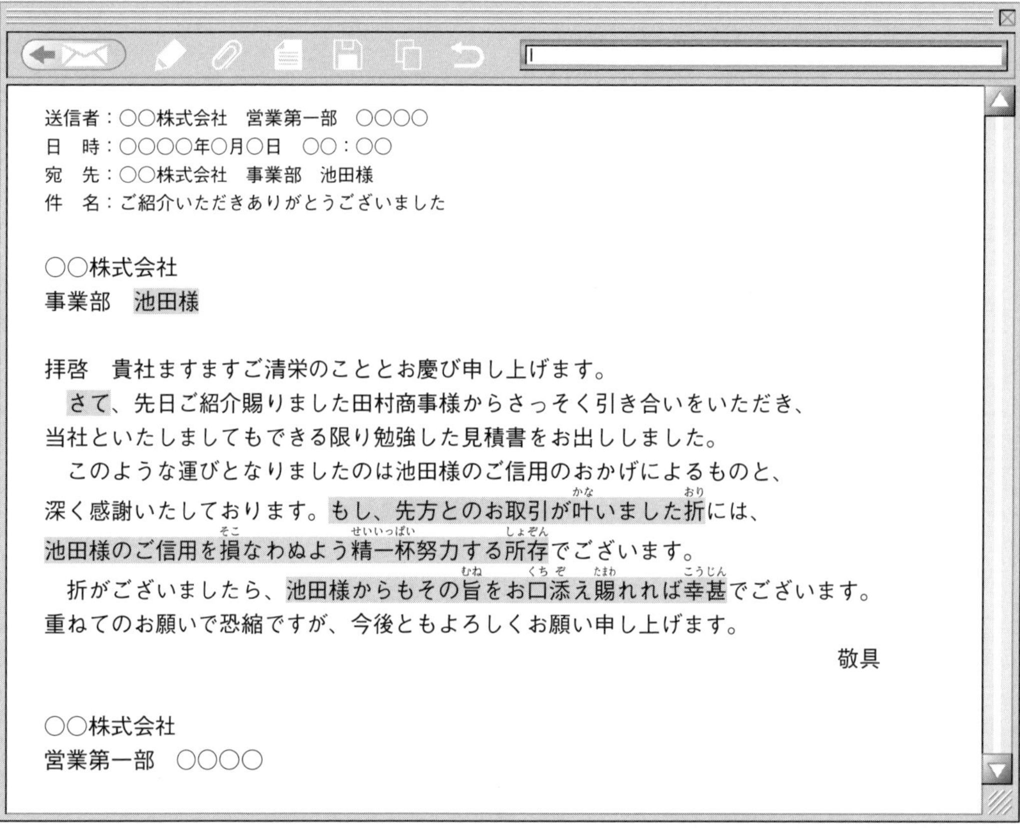

1 自分たちの会社を信用してほしい。　　2 田村商事に値引きの依頼をしてほしい。

3 田村商事に自分たちの意欲を伝えてほしい。

4 田村商事を紹介してほしい。

正答　3

＜解法＞

本題を表す「さて」からはじまる内容を読むと、この文書が客先を紹介してもらったお礼だとわかる。問題文の「何をしてほしい」から、文書にある「もし、先方とのお取引が叶いました折……精一杯努力する所存」「池田様からもその旨をお口添え賜れれば幸甚（＝池田様から「私が精一杯努力するつもり」であることを、田村商事に伝えていただけると幸いです）」が読み取れれば、3が正答だとわかる。

16番

取引先から次のようなメールが届きました。**取引先の人の目的**は何ですか。

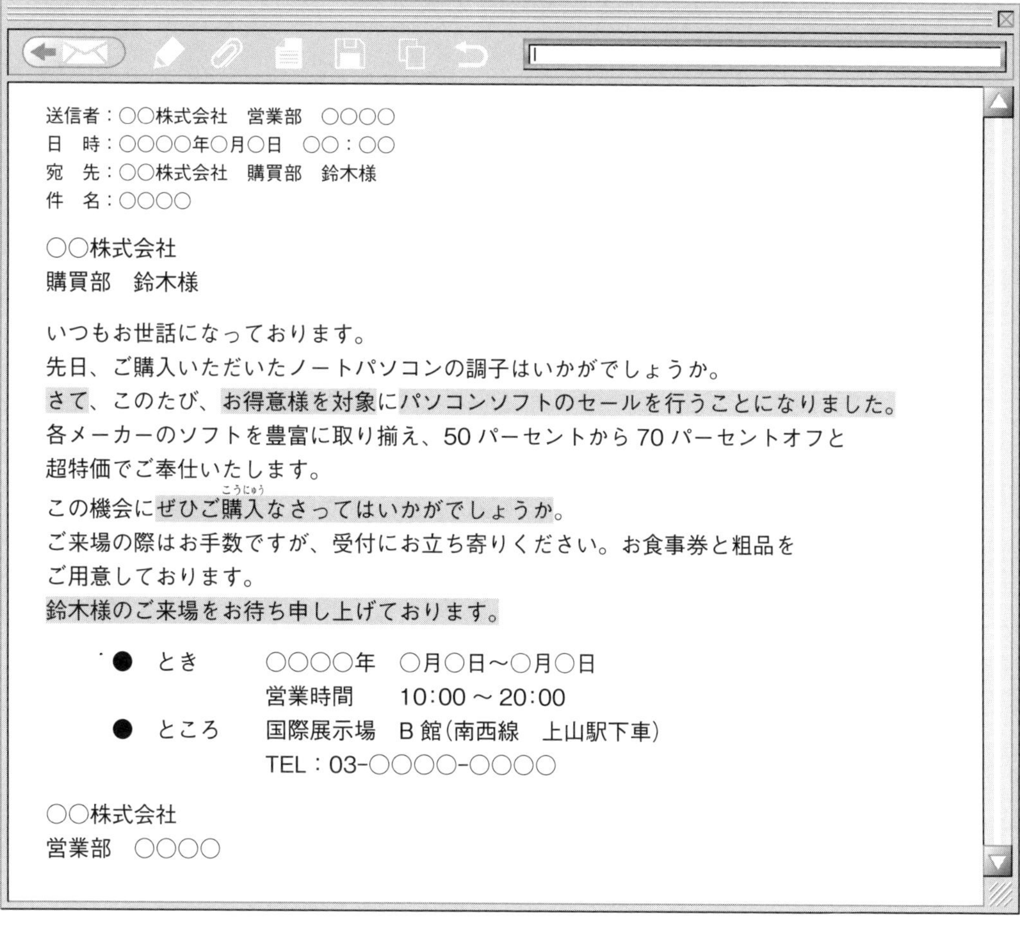

1　ノートパソコンのセールで商品を買ってもらうこと。

2　パソコンソフトのセールで商品を買ってもらうこと。

3　セール会場でお客様に粗品を渡して食事をすること。

4　セール会場の受付でお客様のパソコンの様子を見ること。

正答　**2**

＜解法＞

本題を表す「さて」のあとに続く内容に注意して読む。「お得意様を対象にパソコンソフト
のセールを行うことになりました」「ぜひご購入なさってはいかがでしょうか」「鈴木様の
ご来場をお待ち申し上げております」から、2を選ぶ。

17番

次のような稟議書が回ってきました。

事務所を改装したいのはどうしてだと言っていますか。

稟議書	

稟議書　　　　　　　　　　　　　　　　○○○○年○月○日

　　総務部長　　○○○○殿

　　　　　　　　　　　　　　　　　　大阪支店長　　○○○○

事務所改装のお願い

　大阪支店1階事務所につきまして、以下の通りレイアウトを変更いた
したく、ここにお願い申し上げます。

記

1．変更内容　①レイアウトの全面的見直しとパーテーションの変更
　　　　　　　②応接室・会議室の改装
　　　　　　　③空調設備の買い替え
2．理由　　　人員増加に伴い、従来のレイアウトでは業務が非効率
　　　　　　　になってきた。また、オフィスの老朽化もかなり進ん
　　　　　　　でおり、お客様への印象が悪い。
3．必要予算　7,800,000円（概算）── 明細は別紙の通り

以上

1　人員の増加と空調設備の老朽化
2　人員の増加による業務非効率
3　人員の増加に伴うレイアウトの老朽化
4　人員の増加による業務非効率と事務所の老朽化

正答　**4**

＜解法＞

問題文を読んで、文書にある「理由」の部分を読み取る。「人員増加に伴い……印象が悪い」
から、4が正答。

18番

次の文書は、ある会議の議事録です。

この会議で決まったことは何ですか。

○○○○年9月8日作成

総務部

谷口浩美

定例会議議事録

1．日　　時　　○○○○年9月7日　10時〜11時
2．場　　所　　第3会議室
3．出席者　　鈴木部長、山田課長、市川課長代理、大森
4．議　　題　　紙資源の節約について
5．決定事項
　　封筒の再利用
　　コピー用紙の裏面利用
　　案内状、お知らせなどの社内通達事項のペーパレス化。すべてeメール添付とする。
　　実施は9月20日から。上記決定事項の実施詳細を9月12日付けで全社員に通達し、社内の周知徹底を図る。
6．資　　料　　紙資源節約によるコスト削減シミュレーション
7．次回予定　　10月2日10時から、第3会議室にて

1　紙資源節約の具体的なやり方を全社員に知らせる。

2　顧客に出す案内状やお知らせをペーパレス化する。

3　9月12日からの社内通達をeメール添付で送る。

4　紙資源節約によるコスト削減シミュレーションを作成する。

正答　**1**

＜解法＞

問題文の「この会議で決まったことは何」を読んで、議事録の「議題」「決定事項」の部分を読み取る。「実施詳細を……全社員に通達」とは、「紙資源節約の具体的なやり方を全社員に知らせる」という意味である。正答は1。

次のような報告書を受け取りました。
調査の結果、開発で重視すべきことは何だと言っていますか。

○○○○年○月○日

開発部長　○○○○殿

調査部　○○○○

調査報告書

当社新製品の開発研究にあたり、下記の通りご報告いたします。

記

1．調査地区　　　東京23区
2．サンプル数　　無作為抽出による800世帯
3．目　的　　　　浴室暖房器の普及状況と需要調査
4．期　間　　　　○○○○年○月○日〜○日
5．方　法　　　　アンケート用紙による（詳細は別紙データ参照）
6．所　感
　「買うまではためらうが、一度使うと手放せない」というユーザーの傾向がより明確になる結果だった。これまでは、価格と機能に重点を置いて検討を加えてきたが、購入の際にネックとなるのは、サイズと設備工事の問題であることが今回の調査でわかった。よりコンパクトで、簡単に設置できる浴室暖房器の開発が急務であると思われる。

以上

1 サイズと設置のしやすさ　　2 価格と機能性
3 サイズと耐久性　　4 インパクトのあるデザイン

正答 **1**

＜解法＞

問題文の「調査の結果、開発で重視すべきことは何」を読んで、報告書にある「所感（＝感想）」の「購入の際にネック……サイズと設備工事の問題」「よりコンパクトで、簡単に設置できる浴室暖房器の開発が急務」が読み取れれば、1が正答だとわかる。「ネック」はbottleneckの略で「障害」の意味。

20番

次のような文書が回覧されました。**解散後にゴルフがしたい社員が負担する経費は何ですか。**

○○○○年○月○日

社員各位

総務課長　　○○○○

社員懇親旅行のお知らせ

本年度の社員旅行を、下記の通り実施いたします。多数のご参加をお待ちしております。

記

1．と　き　　　○○○○年○月○日（○）〜○日（○）の１泊２日

2．場　所　　　山梨高原ホテル

3．日　程　　　1日目　15：00　バスにて、本社正面玄関出発
　　　　　　　　　　　　17：30　ホテル着
　　　　　　　　　　　　19：00　夕食・懇親会

　　　　　　　　2日目　 8：00　朝食
　　　　　　　　　　　　 9：00　社長挨拶
　　　　　　　　　　　　10：00　解散・自由行動

4．**解散後**　　　以下のお好きなコースをお選びください。
　　　　　　　　ただし、①と②の費用は帰路の交通費を含め各自負担となります。
　　　　　　　①ゴルフ　　　　　参加費　¥18,000
　　　　　　　②ワイナリー見学　参加費　¥ 9,000
　　　　　　　③バスにて各自帰宅

5．**申し込み**
　　　　　各課長は参加者数と解散後の希望コースをとりまとめ、○月○日までに総務課　林
　　　（内線５４１１）までお知らせください。

以　上

1	帰りの交通費と参加費 ¥18,000	2	参加費 ¥18,000
3	帰りの交通費と参加費 ¥9,000	4	参加費 ¥9,000

正答　**1**

＜解法＞

問題文の「解散後にゴルフがしたい社員が負担する経費」を読んで、文書にある「解散後」と「ゴルフ」のそれぞれの項目について読み取れれば、1が正答だとわかる。

次のような文書が回覧されました。

社員は旧保険証をどこに提出しますか。

○○○○年○月○日

各　位

厚生部長　　○○○○

健康保険証更新のお知らせ

　きたる○○○○年○月○日をもちまして、健康保険証が更新されます。
つきましては下記の要領で、旧保険証からの切り替えを行ってください。

記

1．旧保険証のとりまとめ
　各課の総務担当がとりまとめの上、○月○日までに厚生部・田中までご返却ください。提出されないと新保険証が交付されない場合がありますのでご注意ください。

2．新保険証の交付
　○月○日（○）14：00～17：00まで、本社診療室で課ごとにまとめて配布します。時間厳守の上、お受け取りください。

3．更新中の注意
　更新期間に医療機関を受診する場合は、証明書が必要です。申請は総務課で受け付けます。

以上

---

[1] 厚生部の田中さん　　[2] 自分が所属する課の総務担当
[3] 本社診療室　　[4] 総務課

正答　**2**

＜解法＞

問題文の「社員は旧保険証をどこに提出」を読んで、文書にある「旧保険証のとりまとめ」の部分を読み取る。社員から集めた旧保険証を、各課の総務担当が1つにまとめて厚生部に返却するとわかれば、[2]が正答だとわかる。「とりまとめ」は「1つにまとめる」の意味。

22番

次のような文書が回覧されました。
実施日以降、売上実績報告はどこに送りますか。

20XX 年 6 月 25 日

社員各位

機構改革チーム

機構改革に伴う課名変更の件

　このたびの機構改革による営業部の課増設に伴い、課の名称が下記の
通り変更になりましたのでお知らせいたします。

記

1．旧課名　　　　　営業部販売課
　　新課名　　　　　①営業部販売業務課　②営業部販売促進課

2．実施年月日　　　20XX 年 7 月 1 日（月）

3．電話番号　　　　①販売業務課　TEL 03 －○○○○－○○○○
　　　　　　　　　　　　　　　　　FAX 03 －○○○○－○○○○
　　　　　　　　　　②販売促進課　TEL 03 －○○○○－○○○○
　　　　　　　　　　　　　　　　　FAX 03 －○○○○－○○○○

※これまで販売課に送っていただいていた売上実績報告は販売業務課
　に、キャンペーン報告は販売促進課にそれぞれお願いします。

以上

1　営業部販売課
2　営業部販売促進課
3　営業部販売業務課
4　営業部企画課

正答　**3**

＜解法＞

問題文の「実施日以降、売上実績報告はどこに送りますか」を読んで、文書にある「売上実
績報告は販売業務課」が読み取れれば、3 が正答だとわかる。

次のような文書が回覧されました。

各社員に何をしてほしいと言っていますか。

○○○○年○月○日

社員各位

広報室長　○○○○

社外報「まごころ」の発行について

　今年度から月刊社外報「まごころ」を作成、配布することになりました。

　これは、お客様をはじめ関係者の方々に当社への理解を深めてもらい、末永くおつきあいしていただくための情報提供の場として活用していただくことを目的としています。

　また、当社からの一方的な伝達だけでなく、社外の皆様からのご批判やご要望なども積極的に取り上げたいと考えておりますので、社員のみなさんにおかれましても、お知り合いの方々にぜひ投稿をお勧めください。

　それによってニーズをくみ上げ、潜在顧客の開拓につながることを期待しております。

　なお、配布部数・配布先は下記の通りになっておりますので、よろしくお取り計らいのほどお願いいたします。

記

1．配布部数　　　1,500 部
2．配布先　　　　各部署社外関係先
3．連絡先　　　　本社広報室　　担当　内山（内線1032）

以上

1　社外報を情報提供の場として活用してほしい。
2　社外報に投稿することを知り合いにすすめてほしい。
3　社外報を潜在顧客の開拓につなげてほしい。
4　社外報を読むように社外関係先にすすめてほしい。

正答　**2**

＜解法＞

問題文の「各社員に何をしてほしい」を読んで、文書の「社員のみなさん……お知り合いの方々にぜひ投稿をお勧めください」が読み取れれば、2が正答だとわかる。

24番

次のような文書が届きました。**退職金で土地を購入**しようと考えている人が、
税金について**3月中に相談**したい場合、**どうすればよいですか**。

○○○○年2月5日

関係者各位

人事部福利厚生課

退職準備室の開設について

　この度、退職準備室を開設することになりました。これは、定年を間近に控えられた方々に、定年後の新しい人生をより充実したものにしていただくための相談窓口です。内容は下記の通りになっております。お気軽にご相談ください。

記

1．相談内容　　退職準備生涯生活設計全般
2．相談日時　　毎月第1、第3火曜日　午後3時〜午後5時：税務・法律相談
　　　　　　　　毎月第2、第4木曜日　午後3時〜午後5時：年金・健康相談
　　　　　　　　毎週水曜日　午後3時〜午後5時：再就職、資格取得などの情報提供
3．相談員　　　税務相談：顧問税理士　吉野先生
　　　　　　　　法律相談：顧問弁護士　北野先生
　　　　　　　　年金相談：社会保険労務士　市川先生
　　　　　　　　健康相談：診療室　佐藤先生
　　　　　　　　再就職、資格取得などの情報提供：総務課長
4．備考　　　　相談内容については、所定の用紙に**必要事項をご記入の上、相談日の1週間前までに人事部福利厚生課**へお送りください。

以上

1　必要事項を記入した用紙を3月の第1木曜日までに人事部福利厚生課に提出する。
2　必要事項を記入した用紙を3月の第2火曜日までに人事部福利厚生課に提出する。
3　必要事項を記入した用紙を持って、3月の第2木曜日に年金相談に行く。
4　必要事項を記入した用紙を持って、3月の第1火曜日に税務相談に行く。

正答　**2**

＜解法＞

問題文の「退職金で土地を購入……税金……3月中に相談」を読んで、文書のハイライトの部分を読み取る。税務相談を受けるには、相談日の1週間前までに人事部福利厚生課に申し込みをしなければならないということがわかれば、2が選べる。

次のようなメールが届きました。

開発部長は何をしますか。

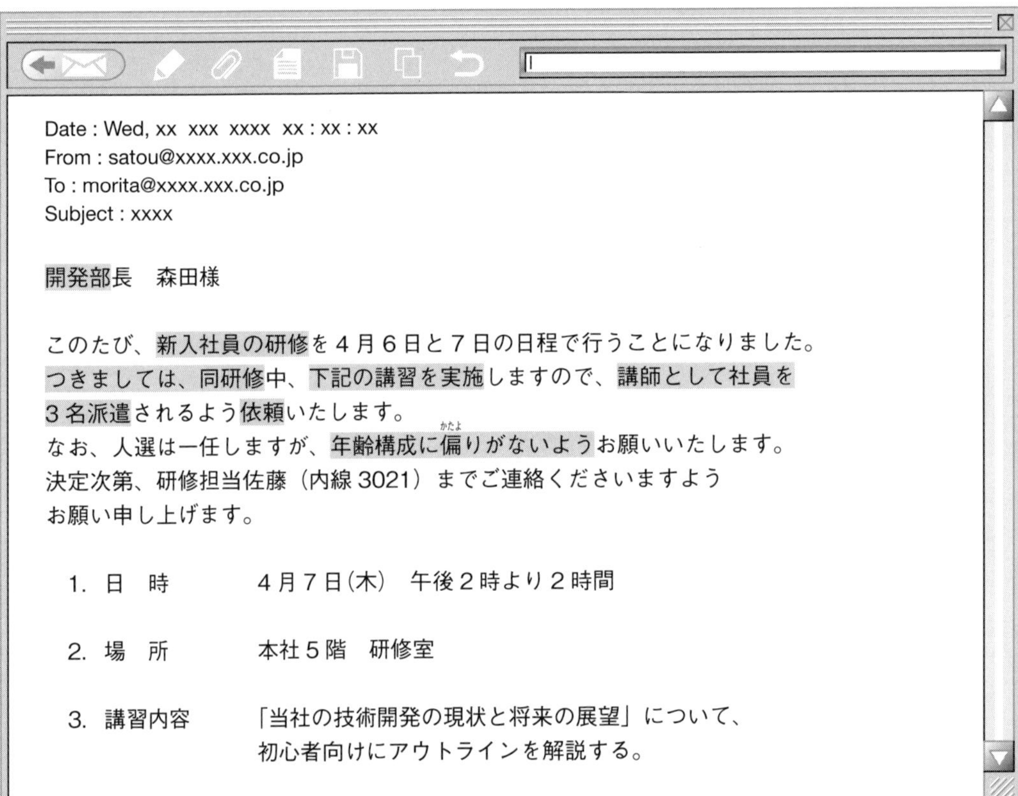

1　派遣会社の講師として、20 代、30 代、40 代の社員をそれぞれ１名ずつ出す。

2　派遣会社の講師として、40 代の社員を３名出す。

3　新人研修の講師として、20 代、30 代、40 代の社員をそれぞれ１名ずつ出す。

4　新人研修の講師として、30 代の社員を３名出す。

正答　**3**

＜解法＞

社内のメール文書は挨拶文が省略され、本題から書かれていることが多いのではじめから
読む。用件を表す「つきましては」の後に続く内容に注意する。正答は3。

26番

次のようなメールが届きました。
休みの間に工場に入る場合、**何が必要**ですか。

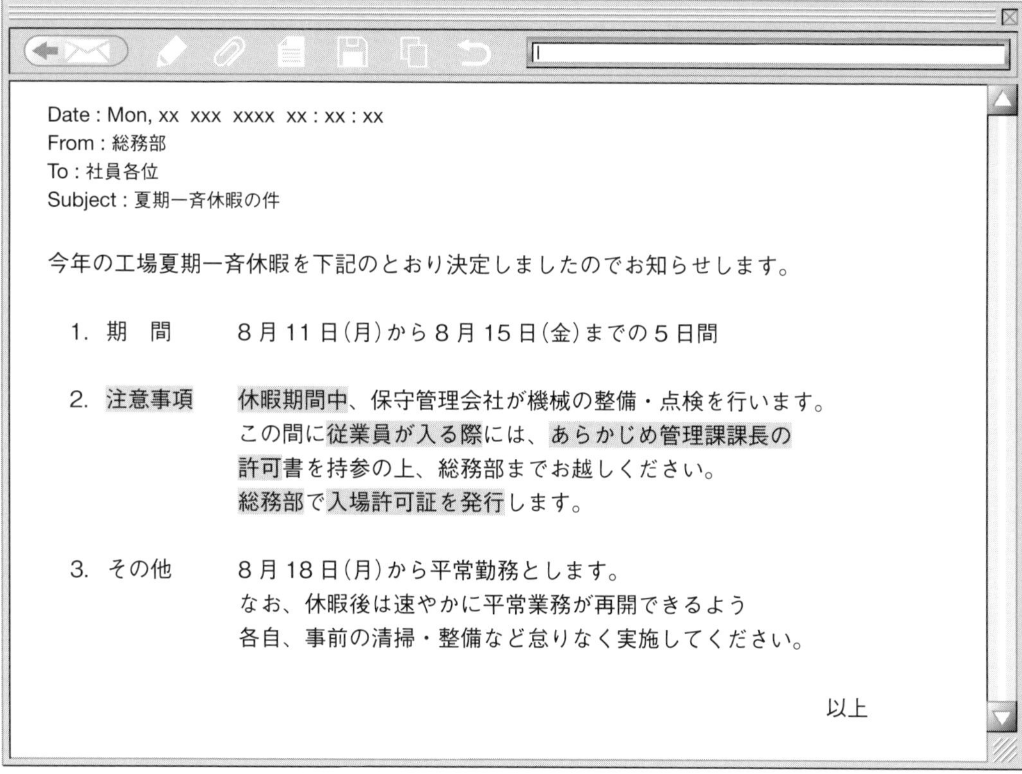

|1| 管理課課長の許可書
|2| 保守管理会社のチェック
|3| 平常業務に備えた清掃と整備
|4| 総務部の入場許可証

正答　4

＜解法＞

問題文の「休みの間に工場に入る場合、何が必要」を読んで、文書にある「注意事項」の
部分を読み取る。正答は|4|。

次のようなメールが届きました。**受け取った社員**はこのあと、**何をしなければなりませんか。**

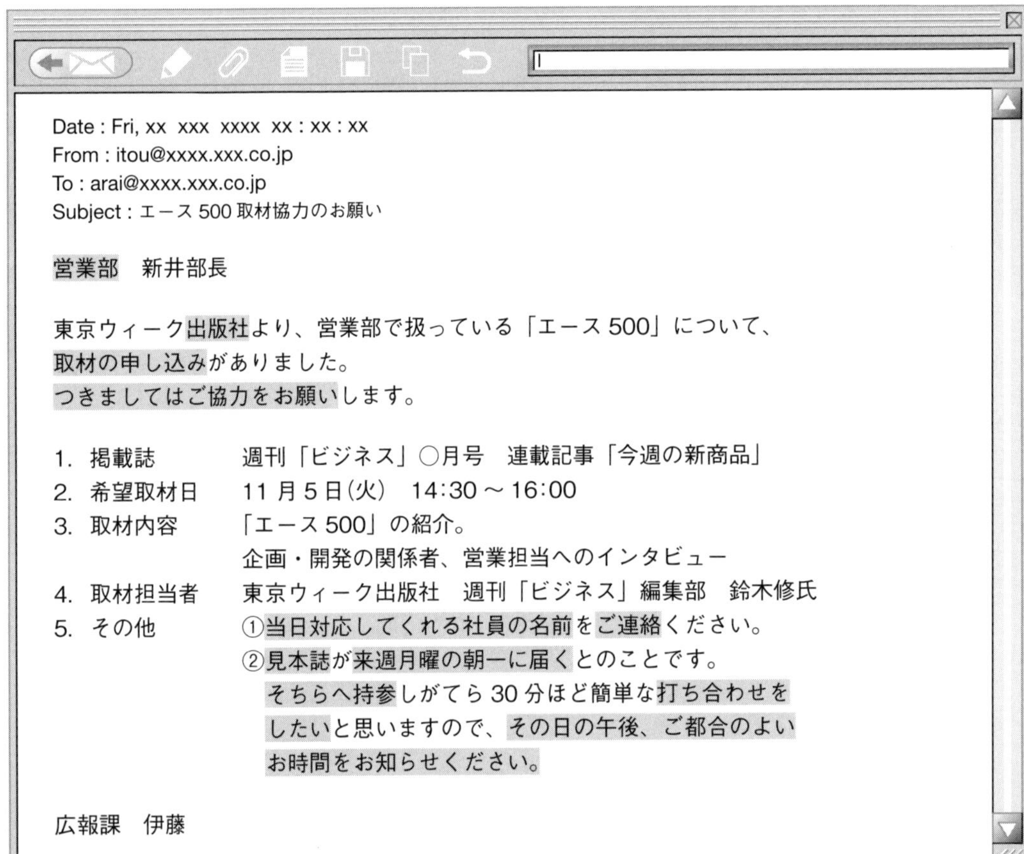

1. 取材に応じるかどうかを返信し、見本誌を広報課に持参する。
2. 取材に応じる社員の名前を返信し、見本誌を広報課に持参する。
3. 取材に応じる社員の名前と 11 月 5 日の都合のいい時間を返信する。
4. 取材に応じる社員の名前と来週月曜午後の都合のいい時間を返信する。

正答　**4**

＜解法＞

社内のメール文書は挨拶文が省略され、本題から書かれていることが多いので、はじめから読む。相手への依頼を表す「〜ください」の内容には特に注意する。「当日、対応してくれる社員の名前をご連絡ください」「打ち合わせをしたいと思いますので、その日の午後、ご都合のよいお時間をお知らせください」が読み取れれば、4 が正答だとわかる。

28番

同僚から次のようなメールが届きました。
受け取った社員が明日の午後、はじめにしなければならないことは何ですか。

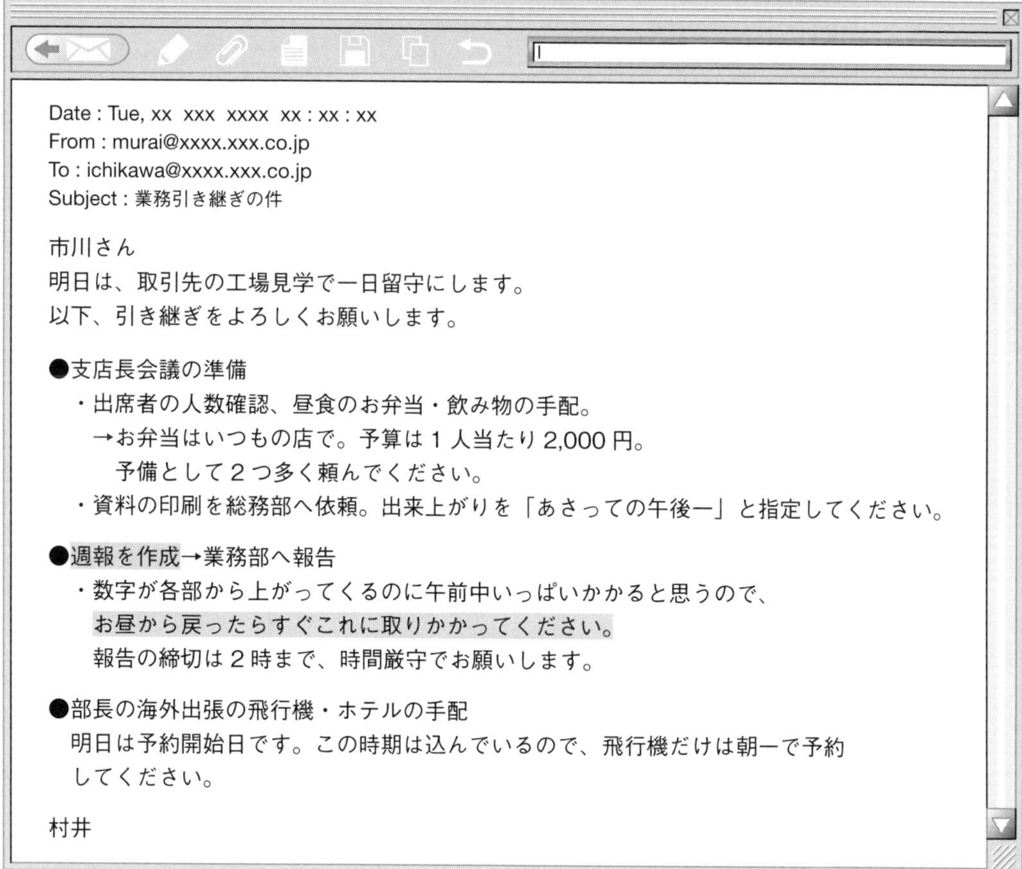

☐1　週報を作成する。	☐2　部長の海外出張の飛行機を予約する。
☐3　資料の印刷を総務部へ依頼する。	☐4　支店長会議の弁当と飲み物を手配する。

正答　1

＜解法＞

社内のメール文書では必要なことだけが書かれている場合が多いので、依頼を表す「〜てください」「お願いします」などの文の内容に注意しながら読む。問題文の「受け取った社員が明日の午後、はじめにしなければならないこと」は、文書の「お昼から戻ったらすぐこれに取りかかってください」の「これ」である。「これ」は「週報を作成」なので、☐1を選ぶ。

29番

次の記事は日本の食品メーカーの海外進出に関するものです。

日本の食品メーカーの海外展開は現状ではどう予想されていますか。

食品メーカーが新しい市場を求めて、アジアへの進出を積極的に図っている。これは、少子高齢化によって国内の需要が先細りになると見込まれているためだ。しかし、海外展開では、欧米の主要メーカーの海外売上高比率6割に対し、日本勢は比率の大きい会社でも3割弱と、大きく遅れを取っているのが現状だ。また、アジア諸国はコメが主食で日本と共通点がある一方、宗教の違いなどで食文化が異なる。独自の規制や商習慣などもあり、先行組の欧米企業に追いつき、追い越すのは容易ではない。

そこで、政府はそうした食品会社を支援する組織を、来年度東京に設立することを盛り込んだ計画をまとめた。開発費を補助する事業もスタートさせる予定で、国の支援事業がどこまで効果を発揮するか注目されている。

1 先細りする。

2 一進一退が続く。

3 苦戦を強いられる。

4 圧勝する。

正答

3

<解法>

問題文の「日本の食品メーカーの海外展開は現状ではどう予想」を読んで、記事の「海外展開では……遅れを取っているのが現状だ」「先行組の欧米企業に追いつき、追い越すのは容易ではない」を読み取って、消去法で3を選ぶ。「先細り」は「将来衰えていくこと」、また「一進一退」は「進んだり後退したりすること」。

30番

次の記事は、特許に関するものです。
今回の改正のポイントは何ですか。

改正特許法が3日、与野党の賛成多数で可決、成立した。

これまで、社員が職務として成した発明は発明者に帰属するため、企業は社員に相当額の対価を払い、権利を社員から譲り受ける仕組みだった。改正法によって、契約や勤務規則などで定めた場合は、はじめから会社に帰属できるようになった。ただし、「発明にかかわった社員は相当の金銭、その他の経済上の利益を受ける権利を持つ」ことが明記された。規則が定められていない会社の場合は、従来通り社員が特許を取る権利を有する。改正法は、発明の対価をめぐる訴訟リスクに危機感を募らせた産業界の要望によって実現した。一方で、社員の発明への意欲を削ぐのではないかという懸念の声もある。

1　職務発明で得られる特許が「会社のもの」から「社員のもの」になった。
2　職務発明で得られる特許が「会社のもの」から「社員と会社のもの」になった。
3　職務発明で得られる特許が「社員のもの」から「会社のもの」になった。
4　職務発明で得られる特許が「社員のもの」から「社員と会社のもの」になった。

正答　3

＜解法＞

問題文の「改正のポイントは何」を読んで、記事の「これまで、社員が職務として成した発明は発明者（＝社員）に帰属」「改正法によって……会社に帰属」から、3を選ぶ。

セクション**1**	
1番	<1> <2> <3> <4>
2番	<1> <2> <3> <4>
3番	<1> <2> <3> <4>
4番	<1> <2> <3> <4>
5番	<1> <2> <3> <4>
6番	<1> <2> <3> <4>
7番	<1> <2> <3> <4>
8番	<1> <2> <3> <4>
9番	<1> <2> <3> <4>
10番	<1> <2> <3> <4>
11番	<1> <2> <3> <4>
12番	<1> <2> <3> <4>
13番	<1> <2> <3> <4>
14番	<1> <2> <3> <4>
15番	<1> <2> <3> <4>
16番	<1> <2> <3> <4>
17番	<1> <2> <3> <4>
18番	<1> <2> <3> <4>
19番	<1> <2> <3> <4>
20番	<1> <2> <3> <4>
21番	<1> <2> <3> <4>
22番	<1> <2> <3> <4>
23番	<1> <2> <3> <4>
24番	<1> <2> <3> <4>
25番	<1> <2> <3> <4>
26番	<1> <2> <3> <4>
27番	<1> <2> <3> <4>
28番	<1> <2> <3> <4>
29番	<1> <2> <3> <4>
30番	<1> <2> <3> <4>

セクション**2**	
1番	<1> <2> <3> <4>
2番	<1> <2> <3> <4>
3番	<1> <2> <3> <4>
4番	<1> <2> <3> <4>
5番	<1> <2> <3> <4>
6番	<1> <2> <3> <4>
7番	<1> <2> <3> <4>
8番	<1> <2> <3> <4>
9番	<1> <2> <3> <4>
10番	<1> <2> <3> <4>
11番	<1> <2> <3> <4>
12番	<1> <2> <3> <4>
13番	<1> <2> <3> <4>
14番	<1> <2> <3> <4>
15番	<1> <2> <3> <4>
16番	<1> <2> <3> <4>
17番	<1> <2> <3> <4>
18番	<1> <2> <3> <4>
19番	<1> <2> <3> <4>
20番	<1> <2> <3> <4>
21番	<1> <2> <3> <4>
22番	<1> <2> <3> <4>
23番	<1> <2> <3> <4>
24番	<1> <2> <3> <4>
25番	<1> <2> <3> <4>
26番	<1> <2> <3> <4>
27番	<1> <2> <3> <4>
28番	<1> <2> <3> <4>
29番	<1> <2> <3> <4>
30番	<1> <2> <3> <4>

セクション**3**	
1番	<1> <2> <3> <4>
2番	<1> <2> <3> <4>
3番	<1> <2> <3> <4>
4番	<1> <2> <3> <4>
5番	<1> <2> <3> <4>
6番	<1> <2> <3> <4>
7番	<1> <2> <3> <4>
8番	<1> <2> <3> <4>
9番	<1> <2> <3> <4>
10番	<1> <2> <3> <4>
11番	<1> <2> <3> <4>
12番	<1> <2> <3> <4>
13番	<1> <2> <3> <4>
14番	<1> <2> <3> <4>
15番	<1> <2> <3> <4>
16番	<1> <2> <3> <4>
17番	<1> <2> <3> <4>
18番	<1> <2> <3> <4>
19番	<1> <2> <3> <4>
20番	<1> <2> <3> <4>
21番	<1> <2> <3> <4>
22番	<1> <2> <3> <4>
23番	<1> <2> <3> <4>
24番	<1> <2> <3> <4>
25番	<1> <2> <3> <4>
26番	<1> <2> <3> <4>
27番	<1> <2> <3> <4>
28番	<1> <2> <3> <4>
29番	<1> <2> <3> <4>
30番	<1> <2> <3> <4>

監修
宮崎道子
　　日本経済大学講師、DC&BC 日本語研究会代表
　　元(一財)国際教育振興会　日米会話学院　日本語研修所所長
　　元インターカルト日本語学校　ビジネス日本語研究所所長

著者
瀬川由美
　　著書：『BJT ビジネス日本語能力テスト　聴解・聴読解　実力養成問題集　第 2 版』
　　　　　『人を動かす！　実戦ビジネス日本語会話（上級）』
　　　　　『改訂版　中級からはじめる　ニュースの日本語　聴解 40』
　　　　　『改訂版　ニュースの日本語　聴解 50』
　　　　　『日常会話で親しくなれる！　日本語会話　中上級』
　　執筆：『人を動かす！　実戦ビジネス日本語会話　中級 1』『同　中級 2』
　　　　　（以上　スリーエーネットワーク）

装丁・本文デザイン
山田　武

BJT ビジネス日本語能力テスト
読解　実力養成問題集　第 2 版

2007 年 5 月 1 日　初版第 1 刷発行
2018 年 6 月 26 日　第 2 版第 1 刷発行
2025 年 6 月 19 日　第 7 刷発行

監　修　宮崎道子
著　者　瀬川由美
発行者　藤嵜政子
発　行　株式会社スリーエーネットワーク
　　　　〒102-0083　東京都千代田区麹町 3 丁目 4 番
　　　　　　　　　　トラスティ麹町ビル 2F
　　　　電話　03 (5275) 2722（営業）
　　　　https://www.3anet.co.jp/
印　刷　萩原印刷株式会社

ISBN978-4-88319-769-9 C0081